CAMINO

enamorado

Ediciones Palabra
Madrid

© Patricia San Miguel y Gema Pérez Herrera, 2025
© Ediciones Palabra, S.A., 2025
    Paseo de la Castellana 210 - 28046 MADRID (España)
    Telf. (34) 91 350 77 20 - (34) 91 350 77 39
    www.palabra.es
    palabra@palabra.es

Diseño de cubierta: María Garro Beña
ISBN: 978-84-1368-419-2
Depósito Legal: M. 145-2025
Impresión: Gohegraf, S. L.
Printed in Spain - Impreso en España

Patricia San Miguel   Gema Pérez Herrera

CAMINO
enamorado

Un 10% del libro más famoso
de san Josemaría Escrivá

PALABRA

✝

Madrid - 29 - V - 33

Que busques a Cristo.

Que encuentres a Cristo.

Que ames a Cristo.

Caminando el Camino de san Josemaría, un loquito de AMOR

¿Saber que me quieres tanto, Dios mío, y...
no me he vuelto loco? (Camino, 425)

¿Has visto este vídeo? Nos encanta...

Preguntan a san Josemaría: «¿Cómo podemos vivir enamorados y qué podemos decirles a los que no creen en el amor? San Josemaría responde: «Hija mía, pregúntame: "¿Cómo podemos vivir si no estamos enamorados?". Porque yo no lo entiendo. Yo vivo porque estoy enamorado, ¡yo vivo porque estoy enamorado! ¿Está claro? Si no, no sería vida esto, loquito estoy, ya me han llamado loco más de una vez, y no me importa nada, tienen razón. Estoy de acuerdo con los que dicen que estoy loco. De modo que ¡que enloquezcas de amor, ¿eh?» (12 de diciembre de 1972).

Índice

Prólogo de *Camino enamorado*

«¡Ven y sígueme!» (*Mt* 19, 21). Por el impulso limpio y sencillo de esta llamada de Jesús de Nazaret a una persona y luego a otra y a otra más..., comenzó la andadura milenaria de la Iglesia católica. Desde hace veintiún siglos, hombres y mujeres de todas las edades, procedencias y estratos sociales, atraídos por esta misma invitación, se han ido sumando a esa muchedumbre que camina por la tierra —entre luces y sombras, penas y consuelos— poniendo la meta en el cielo. Es un camino alegre y acompañado, con Jesucristo como origen, como vía, como sustento y como meta.

En 1928, san Josemaría Escrivá de Balaguer, entonces joven sacerdote, se encontró lanzado por esa misma propulsión divina a abrir camino dentro del camino eclesial. El «sígueme» de Jesucristo se concretó para él en una invitación a buscarlo, encontrarlo y amarlo por los vericuetos de las más ordinarias situaciones y actividades humanas, y a hacer eco de esa llamada en la vida de muchos otros. Han pasado ya casi cien años desde entonces y miles de personas en los cinco continentes han aprendido a encontrarse con

Jesús y a compartir su quehacer diario con Dios, en la fábrica y en el taller, en el laboratorio o en el campo, entre cazuelas o entre algoritmos, descubriendo su amor paterno y activo en los goces más cotidianos y bajo las penas más duras.

Como una ayuda para avanzar por esta ruta, san Josemaría escribió *Camino,* un pequeño libro de oración y de amor —como el mismo autor describe en el prólogo—, que ha sido luz y guía para multitud de personas: se han publicado más de 5 000 000 de ejemplares en más de 50 idiomas. Es un libro en buena parte experiencial, extraído de la vida de su autor, de su íntima amistad con Dios y de su trato con muchos caminantes. 999 propuestas para dar un paso más hacia el Señor.

Buscar a Cristo, encontrar a Cristo y amarle fue el estribillo constante del día a día de este santo, que trenzó y terminó su vida loco, loquito de amor de Dios.

¿Pero es esto asequible a todos? En el frenesí consumista del siglo XXI, con corazones alocados que se fascinan por lo material y efímero, cuando los vínculos se perciben y se viven como pesos y ataduras, ¿es aún deseable y posible amar a Dios? Aun en el caso de que se le conozca, ¿es posible perseverar en ese amor?

La respuesta es una buena noticia: ¡sí!, Dios nos hace a todos un llamamiento al amor. Su «ven y sígueme» siempre va precedido de una mirada penetrante y singular: «Mirándole, le amó» (*Mc* 10, 21). Con expresión del papa Francisco, su amor nos ronda y «nos primerea»*. Ese Dios, que se ha encarnado en Cristo, nos ha amado con un corazón de carne, capaz de las variadas tonalidades y gamas de los afectos. Y espera que correspondamos: nos da la posibilidad y la fuerza de corresponder.

Con Él, toda la vida queda iluminada e impulsada hacia el bien, pero es tarea personal mantener ese fuego encendido, los músculos sueltos y fuertes para aguantar los sinsabores del amor. El amor de Dios —fundante e incondicional— nos hace fuertes para amar como Él. Con Él y desde Él, podemos aceptarnos con agradecimiento y levantar amores sólidos y estables, encendidos y fecundos.

Este ha sido el camino de los santos, de muchos santos. Y este puede ser el tuyo también. Para recorrerlo, Patricia San Miguel y Gema Pérez Herrera han encontrado un atajo. Buceando entre los números de *Camino* han llegado a una selección comentada de 99 puntos encendidos y provocadores, que te incitarán a buscar Dios, te facilitarán encontrarlo y serán combustible para mantener ardiente el amor.

---

* Papa Francisco. «Mensaje del Santo Padre Francisco a los Participantes en un Encuentro con Instituciones y Organismos de ayuda a la Iglesia de América Latina», Ciudad del Vaticano, 22-23 de junio de 2023.

Patricia y Gema son profesoras universitarias, viven y sobreviven entre los vaivenes de nuestro tiempo, son testigos de primera mano de «crisis de amor» a su alrededor, aspiran a vivir un cristianismo sincero y fecundo, pero se preguntan: ¿cómo se enamora un alma de Dios? Por eso, hace un tiempo decidieron convertirse en detectives a la búsqueda de pistas que iluminaran qué pasos seguir hacia esa meta. Sus circunstancias laborales las obligan a viajar mucho, así que cada una aprovechó retazos de tiempo para leer y escribir en sus casas, en iglesias solitarias, en despachos de universidad, en hoteles, en cafeterías y en cualquier lugar imaginable.

El resultado de su esfuerzo ha sido el libro que tienes entre las manos: *Camino enamorado*. Una ruta para tu vida de cristiano. Un pequeño geolocalizador que te ayudará a dirigirte hacia el Corazón amante de Cristo: la Esperanza que no defrauda.

Isabel Sánchez Serrano
Roma, 6 de octubre de 2024

El secreto

Seguro que más de una vez has sentido admiración o incluso envidia por el amor de los santos. A nosotras, esas palabras de san Josemaría, ya incluso entrado en edad, diciendo que era un enamorado de Dios nos han golpeado muchas veces. ¿Cómo amar así a Dios? ¿Es algo accesible para todos o reservado a unos pocos? ¿Es posible «enamorarse» de Dios? ¿Y para siempre?

La respuesta es que sí. Si creemos que todos estamos llamados a la santidad, eso significa que todos estamos llamados a encontrar en Dios la plenitud del amor. Y que al igual que Dios quiso a san Josemaría y a tantos otros que conoces bien, te quiere a ti. Tú también estás llamado a ese amor. No quizá de la misma manera —cada uno tiene su *camino*—, pero sí a esa cima.

San Josemaría nos dejó algunas pistas del sendero que él había recorrido. Cada frase escrita en su libro *Camino* es un trozo de su corazón, una experiencia, una luz que le golpeaba el alma, que le encendía en amor y le hacía caminar. Un amor en presente y en gerundio. Es decir, un amor en acción, palpable, sensible, verdadero y profundo, que también irradiaba a su alrededor y que, como le gustaba decir en relación con su fe, se podía cortar.

Cuando buscamos en *Camino* el punto «enamorado», nos dimos cuenta de que todos los puntos lo estaban. Pero nos propusimos encontrar aquellos que de manera más directa hablaran de ese camino de amor del alma con Dios. Seleccionar solo 99 puntos ha sido casi misión imposible. Por eso, querido lector, esto solo es un comienzo, un 10% del libro *Camino*, un tesoro que podrás seguir caminando, a tu ritmo, y trazar tu propia ruta.

Y te estarás preguntando: ¿por qué seleccionar 99? Porque *Camino* son 999 puntos y queríamos hacer un guiño a san Josemaría. Además, es justo el último punto el que nos ha impulsado a escribir este pequeño libro: «¿Que cuál es el secreto de la perseverancia? El Amor. —Enamórate, y no «le» dejarás» (C. 999). Perseverar, no tirar la toalla, comenzar y recomenzar cada día en nuestro camino de santidad solo tienen un único secreto: «el Amor». El Amor que Dios tiene por cada uno de nosotros, el que nos lleva a amarle con locura y a vivir enamorados. No podemos olvidar que al final del camino solo se nos preguntará cuánto hemos amado, si hemos tratado de amar a Dios y a los demás como lo hizo el autor de *Camino* y como Jesús en su Evangelio nos pidió: «Amarás al Señor tu Dios con todo tu corazón y con toda tu alma y con toda tu mente y con todas tus fuerzas» (*Mc* 12, 30). Esta cima del amor no está reservada para unos pocos, sino que a todos se nos invita a amar con esta fuerza, porque Él nos ama con infinito amor a cada uno.

En el prólogo de *Camino,* san Josemaría escribe la finalidad del libro: «que mejores tu vida y te metas por caminos de oración y de Amor». *Camino enamorado* se centra en lo segundo, aunque son inseparables.

Por este motivo, esta selección de puntos tienen un objetivo muy claro: ayudar a enamorarse de Dios. Y no como etapa inicial de una relación, sino como una etapa continuada en el tiempo. Porque nuestro Jesús, Cristo vivo, cada día nos reclama, se hace el encontradizo, busca cautivarnos, seducirnos… y a nosotros nos gustaría corresponder a este amor para poder decir algún día, como san Josemaría, que *vivimos porque estamos enamorados*.

Dentro de poco, en 2028, se cumplirán cien años del momento en el que Dios le hizo ver a san Josemaría *un caminito en la tierra*, el Opus Dei. Cien años siguiendo las huellas de un santo. Las circunstancias históricas y los escenarios han cambiado, pero el mensaje sigue siendo válido y sus palabras son señales para poder descubrir cada uno de nosotros nuestro propio *camino*.

Queremos que este libro que tienes entre tus manos sea un cuaderno que te acompañe durante un tiempo, el que necesites. No es solo un lugar donde puedes leer, aprender a amar y vivir enamorado, aquí tienes la posibilidad de escribir tu *camino* de amor. *Camino* no es solo una ruta o un lugar que recorrer, queremos que sea un verbo, una acción: ¡camino! Sí, así es: tú caminas, yo camino. Pues solo caminando podremos avanzar y vivir una vida enamorada. Con subidas y bajadas, pero ¡camino!, no me paro, tú tampoco te pares, caminamos junto a Jesús como los discípulos de Emaús y Él hará arder nuestro corazón. Caminando es como vamos recorriendo cada etapa.

Ten siempre a mano algo para escribir, pues como en las grandes historias tendrás que ir tomando notas, tu forma de ver y de entender cada uno de los «palos rojos», que, como explicamos a continuación, son estos 99 puntos enamorados. Escribe cómo te impactan, cómo puedes hacerlos tuyos, en definitiva, cómo te pueden ayudar a caminar. Al decir del poeta castellano: «Caminante, no hay camino, se hace camino al andar». En esto consiste este pequeño libro: en hacer de cada punto tu *camino* al andar enamorado. Esperamos que te sirva tanto como a nosotras.

Soria, 23 de abril de 2024

El camino

San Josemaría, el loquito de amor y protagonista de estas páginas, con frecuencia explicó que el camino para amar a Dios y para identificarse con Cristo se podía describir a través de tres etapas: «Que busques a Cristo, que encuentres a Cristo, que ames a Cristo». Así lo dejó escrito en el punto 382 de *Camino*.

Estos pasos para seguir al Señor, sencillos y dinámicos, entroncan con la tradición cristiana de la ascética y la mística: el recorrido del alma hacia Dios. Por eso, hemos organizado los 99 puntos en tres bloques: Buscar a Cristo, Encontrar a Cristo y Amar a Cristo.

¿Cómo buscar, cómo encontrar, cómo amar?, ¿en qué consiste cada etapa? San Josemaría dejó esbozadas algunas ideas en una de sus famosas homilías, *Hacia la santidad*. Pero también tras estos puntos seleccionados de *Camino* se encuentran unos «palos rojos», como le gustaba decir a él empleando la imagen de esas varas altas que en las carreteras marcan la ruta en las nevadas. «Palos rojos» que en este caso vamos a destacar centrándonos en el objetivo de este libro: encontrar, a través del corazón, el camino para enamorarnos de Dios.

Al inicio de cada apartado encontrarás una breve explicación de cada etapa y los «palos rojos» que la comprenden.

Comenzar un camino es fácil, conseguir llegar al final es una odisea. Quizá, si llevas ya algunos años en ello, has empezado a notar el cansancio. Es en esta experiencia, cuando piensas que no te quedan fuerzas o que te has perdido, donde se ha gestado este libro. Este *Camino enamorado* está especialmente dedicado a quienes atraviesan una fase menos luminosa o llevan un tiempo largo caminando.

Buscarle no es solo tarea de los primeros momentos, al contrario, siempre le estaremos buscando, pero hay un momento muy especial que puede llegar tras años de seguimiento y entrega. Puede ser que experimentemos que hemos «perdido» al Señor o el amor originario que nos impulsó a seguirle, también puede que nos parezca que Dios se ha ocultado y que todas las antiguas promesas ya no tienen sentido. Es lo que en la tradición de la Iglesia se conoce como la «noche oscura del alma».

Son momentos de gran purificación interior en los que el alma se siente a oscuras y muy sola, incapaz de volver a amar o incluso de creer. Dios no parece suficiente y el alma se cuestiona el camino emprendido hace años o los esfuerzos de una entrega que parece vana. El miedo de habernos equivocado puede ser fuerte y la tentación de abandonar la lucha es grande. El Señor parece que duerme en la barca y que no escucha nuestros gritos en la tormenta, mientras nosotros sentimos que perecemos, que se resquebrajan nuestras fuerzas físicas y morales.

Es la hora de nacer de nuevo «en el espíritu», como le aconsejó Jesús a Nicodemo, que también fue a verle de noche. Es la hora del tú a tú con Dios, de la sinceridad grande, y de pedir ayuda, con la sencillez de los niños, a quienes Él ha puesto a nuestro lado para guiarnos. Volver a nacer implicará quizá conocerle de nuevo, rendir nuestras experiencias e historias pasadas, renunciar a ciertas seguridades, pedirle que nos vuelva a conquistar y poner un empeño renovado en enamorarnos.

Para Él, nada hay imposible. Puede volver a ganar nuestro corazón una y mil veces, pero si te hace pasar por esta prueba, es que tu corazón requiere purificarse, quizá necesita entregarse en conciencia y libertad, o experimentar —en el vacío y despojado de antiguas seguridades— que solo Dios basta.

Volver a buscar a Dios cuando ya creíamos haberle encontrado requiere determinación y arrojo: *Fe* en sus palabras; *Esperanza* en que Él sigue haciendo milagros e incluso resucitando corazones muertos que desean volver a vivir; y por último, *Amor*, que quizá no sea sensible, pero que es la voluntad libre de un alma que ha sido tocada por Él y a Él desea volver. En este proceso, aunque parezca extraño, buscar, encontrar y amar son más inseparables que nunca, y por eso te encontrarás con puntos que lo aborden en las tres partes de este camino enamorado.

Bienvenido a tu *Camino enamorado*, te deseamos un feliz viaje.

Que encuentr...
Que ames a Cristo.
Que busques a Cristo.
Que encuentres a Cristo.
Que encuentres a Cristo.
Que ames a Cristo.
Que busques a Cristo.
Que encuentres a Cristo.
Que ames a Cristo.
Que busques a Cristo.
Que encuentres a Cristo.
Que ames a Cristo.
Que busques a Cristo.
Que encuentres a Cristo.
Que ames a Cristo.

Que encuentres a Cristo.
Que ames a Cristo
Que busques a Cristo
Que encuentres a Cristo.
Que ames a Cristo
Que busques a Cristo
Que encuentres a Cristo.
Que ames a Cristo
Que busques a Cristo.
Que encuentres a Cristo.
Que ames a Cristo
Que busques a Cristo.
Que encuentres a Cristo.
Que ames a Cristo

QUE BUSQUES A CRISTO

Esta etapa de búsqueda está muy unida a la fe, la primera virtud teologal. Cuando empezamos a creer en el amor que Dios nos tiene, entonces empezamos a buscarle y a desear corresponder. Los «palos rojos» de los puntos que hemos seleccionado para esta etapa son los siguientes:

- **Buscar a Cristo es querer conocerle,** sentir la atracción de Jesús Hombre que se cruza con nosotros y responder a ella. Para entrar en esa intimidad con Él, es preciso que primero la quieras, y que luego Le busques, empezando dentro de ti. Y que después Le busques en su presencia real, a través de tu trato personal con Él, y, por último, en los demás.

- En este encuentro es preciso hablar y escuchar, por eso **buscar a Cristo es también iniciarnos en la oración,** con sencillez y confianza, como niños pequeños delante de sus padres. San Josemaría nos enseñó a seguir la senda de la infancia espiritual y a tratar a Dios como a un Padre que nos quiere más que todas las madres del mundo. En este camino te ayudará Dios, el ejemplo de la Virgen y de quienes le han amado antes que nosotros: los santos.

- **Conoce tu corazón para poder amar.** El corazón necesita latir y vivir, san Josemaría nos decía que, si no lo usábamos, se convertía en una gusanera. ¿Cómo late el tuyo?, ¿cómo vive?, ¿cómo podría empezar a latir o a vivir por Él y al servicio de los demás? Porque con el mismo corazón con el que amas a los otros es con el que amas también a Dios.

- **Buscar a Cristo no es cosa de una vez,** seguramente le buscaremos en muchas ocasiones, casi siempre tratando de recomenzar en nuestra unión con Él. Una unión que nos gustaría que fuese continua pero que no siempre es así. Buscar es también aceptar nuestras pequeñas equivocaciones, y también las grandes, cada vez que no nos comportamos como buenos hijos de Dios.

- **Aprender a amar es esforzado,** requiere voluntad, valentía y honestidad. Habrá heridas del corazón que curar y otros aspectos necesitarán de entrenamiento y ejercicio. Es un camino de continuos recomienzos, donde se ejercitan las virtudes y donde es imprescindible dejarse ayudar. Solos no podemos. Busca tus maestros.

- Y para quienes atraviesan, quizá, una fase de oscuridad en el corazón tras años en el camino, **volver**

a buscar a Dios requiere determinación. Actualizar la fe en sus promesas, la esperanza en que Él sigue haciendo milagros, que los hará en nosotros, y arrojo para no cansarse de buscarle cuando parece que es de noche y hay tormenta.

1

Al regalarte aquella Historia de Jesús, puse como dedicatoria: «Que busques a Cristo: Que encuentres a Cristo: Que ames a Cristo». Son tres etapas clarísimas. ¿Has intentado, por lo menos, vivir la primera? (C. 382)[2].

Ser cristiano es encontrarse personalmente con Dios, y Dios se hizo hombre para facilitarnos ese encuentro. Por eso, muchas veces, el primer camino para enamorarnos de Dios empieza por conocer a Jesucristo.

El conocimiento es una experiencia personal, nadie puede conocer por ti. Él es la palabra de Dios hecha hombre, la revelación hecha persona. Estamos llamados a una relación personal, de amor y de amistad, con Alguien que sigue vivo, que se hace el encontradizo, y que tiene sed de nuestra respuesta. No podemos amarle sin antes empeñarnos en buscarle.

Buscar a Dios es tarea de toda una vida. Le buscaremos muchas veces, en los diversos recodos del camino y ante cada cambio de paisaje. Decidirse a buscarle es el primer acto de amor, aunque parezca

---

[2] Estos puntos son los puntos originales de *Camino* (C.), que san Josemaría numeró del 1 al 999, y agrupó por temas variados. Aquí los hemos reordenado en atención al nuevo camino enamorado que hemos buscado en él.

Otras obras del autor que se citan en este libro son: *Vía Crucis, Santo Rosario, Amigos de Dios, Es Cristo que pasa, En diálogo con el Señor, Apuntes íntimos, Forja* y *Surco*.

más un acto de la voluntad —del querer—. Pero es que amor y querer van siempre de la mano.

«Tu rostro buscaré, Señor, no me escondas tu rostro» (*Sal* 26, II, 9). Esta es muchas veces mi primera oración. Cuántas veces experimentamos eso que san Juan de la Cruz dejó reflejado en su *Cántico Espiritual:* el alma que queda herida de amor y que sale en busca de un rostro que, aunque no encuentra, adivina y de quien todo le habla. El anhelo de Dios lo tengo dentro, lo tienes dentro, aunque a veces sientas que no, y que hasta eso tienes que buscar. Piensa en qué momentos has notado esa herida, o ese anhelo, y si la respuesta es nunca, comienza a pedirlo con esas palabras del Salmo: «Tu rostro buscaré, Señor, no me escondas tu rostro».

2
Recógete. Busca a Dios en ti y escúchale (C. 319).

Querer la intimidad con Dios es el punto de partida de todo corazón que busque el Amor. Para lograr esa intimidad con Dios, es preciso que primero la desees y que luego te decidas a conquistarla.

La intimidad con Dios tiene una puerta que se abre hacia dentro: hacia tu interior. A Dios no lo vemos con los ojos del cuerpo, hay que despertar o reconducir el alma. Poner el freno a la vorágine exterior que tantas veces nos consume y mirar hacia dentro. Hacia esos anhelos más íntimos que nos lleven a preguntarle: ¿dónde estás?, ¿qué me pasa?, ¿hacia dónde estoy viviendo?, ¿qué es lo que amo?

Como también nos han enseñado las Escrituras y los santos, a veces Dios nos derriba estrepitosamente de nuestros caballos, pero la mayoría de las veces Dios habla bajito, como una brisa suave, muy dentro del alma, y a través de lo cotidiano. San Agustín se lamentaba de cuántas veces le había buscado fuera, cuando, en realidad, donde le tenía era dentro. Solo hay que estar atentos.

3

Frecuenta el trato del Espíritu Santo —el Gran Desconocido— que es quien te ha de santificar. No olvides que eres templo de Dios. El Paráclito está en el centro de tu alma: óyele y atiende dócilmente sus inspiraciones (C. 57).

La intimidad es como un vasto océano, por el que sobre todo al principio podemos navegar perdidos. Para poder amar, es necesario tenerse y conocerse. Todo camino implica un viaje, y en nuestro camino hacia Él no estamos solos. Nos ha dejado al Espíritu Santo, y sabemos que sin su ayuda no podemos ni pronunciar su nombre, Jesús.

Gracias al Espíritu Santo, Dios habita en nuestra alma y nos hace templos suyos. Cuando reconozco esto en lo más íntimo y profundo de mi ser, cambia radicalmente mi forma de vivir. A Dios no le encuentro solo en el Sagrario, sino que puedo estar en contacto con Él en cualquier lugar, momento o circunstancia, atento a sus susurros e inspiraciones.

Además, el Espíritu Santo es el Amor, el amor entre el Padre y el Hijo. Si de verdad quiero descubrir el secreto de ese Amor, que encendió a los santos, también yo he de tratarle, aunque no sepa bien cómo. Es uno de los grandes consejos de san Josemaría: trata a Quien vive en tu alma en gracia. A ese Amor de Dios hecho Persona. Él, el Amor, te enseñará a amar. ¡Qué el fuego de tu Espíritu me llene! (cfr. C. 801).

4

Precisamente tu vida interior debe ser eso: comenzar... y recomenzar (C. 292).

No importa cuántas veces hayamos decidido ya emprender este camino. Si es la primera o la trigésimo tercera. En el camino del amor se está siempre recomenzando, si no, es que no estamos viviendo. Decidir una vez más que quiero enamorarme de Dios ha de ser el primer paso necesario en este camino.

Quiero quererle, que de verdad Él empape y transforme mi vida, que sea Él el íntimo sentido que la sostenga y la fuerza que me haga recomenzar siempre que lo necesite, ¿esto me ilusiona? A veces, decía también san Josemaría que basta con deseos de tener deseos. Nuestra limitación no es un obstáculo, podemos convertirla en trampolín.

5

¡Qué claro el camino!... ¡Qué patentes los obstáculos!... ¡Qué buenas armas para vencerlos!... Y, sin embargo, ¡cuántas desviaciones y cuántos tropiezos!

¿Verdad? Es el hilillo sutil —cadena: cadena de hierro forjado—, que tú y yo conocemos, y que no quieres romper, la causa que te aparta del camino y que te hace tropezar y aun caer. ¿A qué esperas para cortarlo... y avanzar? (C. 170).

Qué frecuente es que, incluso antes de tomar la decisión, veamos ya los obstáculos y que nos invadan los miedos. El yo más íntimo se resiste, me confunde, me engaña. ¿Enamorarse de Dios?, ¿es acaso posible sin verle, escucharle o tocarle, como hacemos con los amores de la tierra?

Tomada la decisión, muchas veces se ven o experimentan las dificultades, incluso a veces los miedos y las decepciones nos las agigantan. El yo más «viejo» me rebate, ¿enamorarme yo de Dios?, ya lo he intentado muchas veces, o quizá nunca en serio, pero es que no me creo del todo que sea posible... Mis experiencias pasadas me frenan, el escepticismo y el cinismo son grandes peligros para el alma, especialmente para quien lleva años en el camino y nota el cansancio, o para quien alguna cadena le ata a la tierra y no le deja volar alto.

Pero ese «querer querer» es una pequeña lucecita dentro de mí. Ese mismo anhelo, por «algo grande y que sea Amor» que han experimentado tantas almas santas, yo también lo tengo dentro, y me recuerda que he de vivir de Fe, de Esperanza y de Amor. ¡Dame, Señor, las fuerzas y hazme recordar y saber que no estoy nunca solo en este camino!, que Tú siempre me acompañas. Entonces, ¿qué temo?, ¿qué me ata y no me deja «nacer de nuevo»? (*Jn* 3, 1-17).

6

¡Ánimo! Tú... puedes. ¿Ves lo que hizo la gracia de Dios con aquel Pedro dormilón, negador y cobarde..., con aquel Pablo perseguidor, odiador y pertinaz? (C. 483).

No hay obstáculo que pueda hacer frente a su gracia. Derribó a un Saulo enfurecido de su caballo, y convirtió la humanidad cobarde de Pedro en una humanidad amante: «Señor, tú lo sabes todo, tú sabes que te amo» (*Jn* 21, 15-18). No hay imposibles para el amor de Dios. Alimentemos la fe y la esperanza, Él puede transformarme y enseñarme a amar. «Señor, auméntanos la fe» (*Lc* 17, 5-6), «Señor, si quieres, puedes limpiarme» (*Mt* 8, 1-14). Ojalá tuviéramos fe, como un grano de mostaza, y creyéramos de verdad que la santidad no está tanto en el «yo hago» —mis fuerzas— , sino en el «hágase en mí».

Aunque me parezca imposible, no hay imposibles para Dios. Confía, espera y ama, es un buen momento para empezar.

7

A Jesús siempre se va y se «vuelve» por María (C. 495).

San Josemaría se ponía de ejemplo de muy pocas cosas, pero una de ellas fue su amor a la Virgen. No hay corazón como el de María, más que el suyo, solo el de Dios. Ella nos enseñará a buscar, encontrar y amar a su Hijo. Es el camino seguro y más corto, el regalo que nos hizo Jesús antes de morir, desde su Cruz. Nos lo recordaba el papa Juan Pablo II hace años:

«También vosotros, queridos jóvenes, os enfrentáis al sufrimiento: la soledad, los fracasos y las desilusiones en vuestra vida personal; las dificultades para adaptarse al mundo de los adultos y a la vida profesional; las separaciones y los lutos en vuestras familias; la violencia de las guerras y la muerte de los inocentes. Pero sabed que en los momentos difíciles, que no faltan en la vida de cada uno, no estáis solos: como a Juan al pie de la Cruz, Jesús os entrega también a vosotros su Madre, para que os conforte con su ternura» (Mensaje del Santo Padre Juan Pablo II para la XVIII Jornada Mundial de la Juventud, 25 de julio de 2002).

¿Qué experimento que me separa de Dios o que obstaculiza mi capacidad de amar?, ¿qué dolores, fracasos o errores generan en mí sufrimiento y quizá me ciegan ante la idea de amar? Madre nuestra, que cuando estemos perdidos, siempre vayamos a tus brazos, buscarte a ti es encontrar a tu Hijo, y es encontrar esa ternura que sana el corazón para amar y dejarse amar. En el inicio del camino no olvidemos a tan grande intercesora.

8

Yo quisiera —me has dicho— que Juan, el adolescente, tuviera una confidencia conmigo y me diera consejos: y me animase para conseguir la pureza de mi corazón.

Si verdaderamente quieres, díselo: y sentirás ánimos y tendrás consejo (C. 125).

En el camino del amor a Dios tenemos también el ejemplo de quienes le han amado antes que nosotros, sus santos.

San Juan era el discípulo amado. Y san Josemaría, tan enamorado, también quería serlo. Quería preparar su corazón para poder ponerlo cerca del de Jesús, tan cerca como estuvo el de san Juan en la última cena, recostado en su pecho.

Aunque cada uno tenemos nuestro camino, las huellas de los santos nos inspiran, su ejemplo nos alienta y nos da alas. ¿Quién se atrevería a reclinarse sobre el pecho del Señor si san Juan no nos lo hubiese enseñado?, ¿quién besaría y abrazaría los pies de Jesús, y muy probablemente también su cuerpo muerto al bajar de la Cruz, si María Magdalena no se hubiese atrevido? Busca tus maestros y aprende de ellos a tratar al auténtico Maestro.

Ese discípulo en concreto supo ganarse el corazón de Dios. Quisiera saber cómo lo hizo, porque así quisiera saber yo ganarme el tuyo... Quiero descubrir este Amor y corresponderte. Quiero ser tu discípulo amado, de esa manera que solo yo puedo serlo.

9

Enciende tu fe. No es Cristo una figura que pasó. No es un recuerdo que se pierde en la historia. ¡Vive!: *Jesus*

Christus heri et hodie: ipse et in saecula! —dice san Pablo—, ¡Jesucristo ayer y hoy y siempre! (C. 584).

Jesús es HOY. Dios es Persona y vive. ¿Cómo amo, en mi hoy, a las personas? ¿Cómo amaría, en mi hoy, a esa persona a la que eligiera darle mi corazón? ¿No me da esto muchas pistas también sobre cómo puede ser mi amor a Dios?

La fe son los ojos del alma. Es creerle a Él en el Sagrario, en mi alma en gracia, en las almas que pone a mi lado. Es creer que «Yo estaré con vosotros todos los días hasta el fin del mundo» (*Mt* 28, 16-20).

Buscar, buscarle, es también encender la fe.

10

Cuando te acercas al Sagrario piensa que ¡Él!... te espera desde hace veinte siglos (C. 537).

Ser conscientes del Amor es tarea de toda una vida. Su Amor tiene a veces un lenguaje diferente al sensible, pero al mismo tiempo ha elegido hacerse sensible en cada Sagrario.

Quizá he de revisar mis acostumbramientos, quizá es hora de profundizar en su Verdad, quizá he de pararme y sencillamente «ser ante sus ojos» (Francisco, *Evangelii Gaudium*, n. 264). ¡Señor, que vea!, ¡Señor, que crea!, ¡Señor, que te acoja!, ¡Señor, que mi fe aumente!, ¡Señor, que te encuentre AQUÍ!, personalmente.

¡Aumenta mi sensibilidad ante tu presencia! Ahí, en el Sagrario, está ese Cristo vivo de corazón amantísimo.

11

La Misa es larga, dices, y añado yo: porque tu amor es corto (C. 529).

En la santa Misa asistimos, saltando las barreras del espacio y del tiempo, al momento cumbre de nuestra Redención: al momento en el que Dios se entrega, ahora, por amor.

Y mi amor es corto.

—«En este Sacrificio se encierra todo lo que el Señor quiere de nosotros» (San Josemaría, *Es Cristo que pasa*, n. 8). ¡Cuánto me queda por descubrir!

—«Que respondáis con amor a quien por amor se ha entregado por vosotros» (Benedicto XVI, Encuentro con voluntarios de la JMJ 2011). ¡Y cuánto por responder!

El amor solo puede tener una respuesta libre y personal. Que será única y exclusiva.

Si de verdad quieres buscar a Cristo, para encontrarte con Él, has de aprender también a amar la Santa Misa. No se ama lo que no se conoce. Buscar es aprender, es entender y es vivir.

12

Buscas la compañía de amigos que con su conversación y su afecto, con su trato, te hacen más llevadero el destierro de este mundo..., aunque los amigos a veces traicionan. No me parece mal. Pero... ¿cómo no frecuentas cada día con mayor intensidad la com-

pañía, la conversación con el Gran Amigo, que nunca traiciona? (C. 88).

Necesitamos conocer nuestro corazón y cómo funciona, pues es un único corazón con el que amamos en esta tierra. O mi relación con el Señor es personal, o no será nada, pues es la manera más íntima de relacionarnos. ¡Cuánto necesita mi corazón el consuelo y el cariño de las amistades y de los amores humanos! ¡Cómo se apoya en ellos! Si somos honestos, reconocemos que son lo mejor de la vida. Esos amores humanos, sanos y verdaderos, son reflejos y señales que me conducen hacia el Amor divino. «Todos los amores trabajan de incógnito para Él», escribía el poeta Langlois. Si todos los amores buenos tienen algo de Él... ¿cómo será Él?

Los grandes santos le han llamado «Amor», le han llamado «Amigo». Empezar a buscarle es cuestión de fe: si te crees que el Señor es el mejor Amigo... descubrirás cómo te escucha, experimentarás cómo te acoge cuando te acercas y en sus cuidados vislumbrarás sus consejos, que irán sacando de ti tu mejor tú. Al principio, quizá sea cuestión de Fe el que creas que te ama sin esperar nada a cambio, pero poco a poco el corazón irá entendiendo y respondiendo.

Si yo creyera en esta amistad que me ofreces, Dios mío, buscaría tu compañía, tu conversación y tus afectos sin descanso y sin cansancio, como san Josemaría.

13

Me has escrito: «Orar es hablar con Dios. Pero, ¿de qué?». ¿De qué? De Él, de ti: alegrías, tristezas, éxitos y fracasos, ambiciones nobles, preocupaciones diarias..., ¡flaquezas!: y hacimientos de gracias y peticiones: y Amor y desagravio. En dos palabras: conocerle y conocerte: ¡tratarse! (C. 91).

Conmueve ver la hondura de esta amistad con Cristo.

«¡Tratarse!», tiempo, conversación, anhelos íntimos. Son esas cosas que llevo dentro las que a Él le interesan. Tratarle es compartir esas cosas que unen mi corazón al suyo. Mi intimidad es un santuario al que dejo entrar a unos pocos ¿Te dejo entrar a ti, Dios mío? ¿Tienes tú ahí tu lugar propio y exclusivo?

«Conocerle y conocerte». Como buscamos y cuidamos las relaciones humanas, así hemos de buscar y cuidar la divina. A veces, esta simple comparativa hace que se amontonen los ejemplos... y los propósitos.

14

Flaquea tu corazón y buscas un asidero en la tierra. Bueno; pero cuida de que el apoyo que tomas para no caer no se convierta en peso muerto que te arrastre, en cadena que te esclavice (C. 159).

Los deseos solos no bastan, aunque son muchas veces el primer empuje. El corazón es traicionero, tan pronto sube al cielo como se aferra al suelo.

Jesús, cuánto nos cuesta no verte, no oírte, no sentirte tan cerca como acostumbramos en la tierra. A veces, el corazón se nos rebela y grita pidiendo afectos. Y puede parecer que Dios no nos basta.

Tenemos muchos afectos cerca, tanta gente buena... es la hora de apoyarme en ellos pero sin crear falsas dependencias. No puedo vivir sin amor y tengo que colmar mi corazón. Pero también he de enseñarle a amar, a saber sufrir, a saber esperar.

Cadenas son los amores o las formas de amar que me alejan de Dios o de su gracia. Cadenas son los amores que empequeñecen mi corazón y no me ayudan a poder amar a todas las almas, tal y como Dios espera de mí.

Dame, Señor, la gracia, la honestidad, la valentía para saber detectarlas. La fuerza para purificar esos deseos y afectos que aparecen en mí y que son parte de mi camino. Y dame, sobre todo, tu compañía para crecer en ese Amor que me pides. Que no tenga miedo a amar, que no tenga miedo a querer amar bien, aunque me cueste.

Pon a mi lado a quien me pueda ayudar y la gracia de saber aprovecharlo.

15

Me escribes: «Padre, tengo... dolor de muelas en el corazón». No lo tomo a chacota, porque entiendo que te hace falta un buen dentista que te haga unas extracciones. ¡Si te dejaras!... (C. 166).

Todos hemos experimentado ese dolor de muelas en el corazón. A veces son tentaciones contra la entrega de nuestro amor; otras, nostalgias naturales del paso de la vida o decepciones: «esto no era lo que yo imaginaba»; otras, heridas reales que nos hicimos por el camino o que otros nos infringieron. Y, muchas veces, es esa duda sibilina que se cuela dentro, cuando llega la vida que raspa o el golpe de una caída, y que insinúa que nos hemos equivocado, que nunca seremos felices y que la felicidad está en otro sitio.

¡Qué real es este dolor! ¡Tanto, que quisiéramos quitárnoslo! porque nos enloquece. El corazón es lo más íntimo del hombre, donde residen todos nuestros deseos, esperanzas, amores, anhelos. A veces habrá que extraer, muchas otras, curar o sanar... y otras, como pasa con las caries, habrá vacíos que rellenar.

Qué importante es cuidar el corazón para saber querer, sin miedos, pero conscientes de que es una parte viva, que también enferma y que necesita ayuda. Como escribía san Josemaría, es el momento de un «buen dentista», un sacerdote o amigo que nos ayude a ser sinceros, a reconocer qué pasa. Porque los dolores del corazón solo se curan así: hablando, reconociendo, escuchando. Y uno no puede ser buen dentista de sí mismo.

16

¿Cómo va ese corazón? No te me inquietes: los santos —que eran seres bien conformados y normales, como tú y como yo— sentían también esas «naturales» inclinaciones. Y si no las hubieran sentido, su reacción «sobrenatural» de guardar su corazón —alma y cuerpo— para Dios, en vez de entregarlo a una criatura, poco mérito habría tenido. Por eso, visto el camino, creo que la flaqueza del corazón no debe ser obstáculo para un alma decidida y «bien enamorada» (C. 164).

Es normal que el corazón aspire al amor y que lo busque. Para eso ha sido creado. No son malas esas llamadas o esos reclamos, aunque a veces nos hagan sufrir. Pueden hacerte pensar si vives enamorado. Porque es así como necesitas vivir y es el corazón el que te lo está recordando. Y uno elige de quién se enamora, sí, aunque suene raro. En el amor hay un alto componente de sentimiento pero también está la voluntad, que es, en último término, quien decide dónde volcar —y cómo— todos esos anhelos.

«¿Cómo va ese corazón?». En salud es mejor prevenir que curar. Por eso, ¡cuántas veces debería hacerme esta pregunta!, porque cuántas veces en ella encontraré la respuesta a mis tibiezas y descaminos, o a ese sentirme lejos de Dios. Saber cómo va mi corazón me ayudará a estar pendiente de buscar el norte, de encontrarle a Él.

¿Y qué es un alma «bien enamorada»? Quizá es una pregunta a la que solo tú mismo puedes responderte.

17

¡Si un hombre hubiera muerto por librarme de la muerte!... Murió Dios. Y me quedo indiferente (C. 437).

Nos hemos acostumbrado a los crucifijos. Podemos pasar sin inmutarnos ante una imagen que fue escándalo para los judíos, necedad para los gentiles y prueba de amor para los cristianos.

Necesitamos limpiar la mirada. Volver a nacer, como niños, a quienes extraña ver a un hombre lleno de heridas en una cruz. Pero ese volver a nacer no viene de la carne, sino del Espíritu, como le dijo Jesús a Nicodemo. Solo Él puede concedérnoslo.

Señor, que no pasemos indiferentes ante tu amor, enciéndenos y haznos creer en tus palabras: «Como el Padre me amó, así os he amado yo. Permaneced en mi amor. Si guardáis mis mandamientos, permaneceréis en mi amor, como yo he guardado los mandamientos de mi Padre y permanezco en su amor. Os he dicho esto para que mi alegría esté en vosotros y vuestra alegría sea completa. Este es mi mandamiento: que os améis los unos a los otros como yo os he amado. Nadie tiene amor más grande que el de dar uno la vida por sus amigos» (*Jn* 15, 9-14).

En esa Cruz Jesús no murió por todos, murió por cada uno, murió por ti.

18

Escalones: Resignarse con la Voluntad de Dios: Conformarse con la Voluntad de Dios: Querer la Voluntad de Dios: Amar la Voluntad de Dios (C. 774).

Nuestra meta: el Cielo. El camino: el amor. Y en ese camino hay fases, caídas y retrocesos. Pero solo se hace camino al andar, lo demás no importa. Pensar de vez en cuando en qué etapa nos encontramos es requisito necesario para orientar la dirección del siguiente paso, con la vista en Él.

Siempre estaremos buscándole: dentro de nosotros, en los demás, en la realidad cambiante de nuestra vida, en cada Sagrario. Y con Él también buscamos su Voluntad.

Jesucristo nos enseñó y vivió también estas etapas: «Padre, si quieres, aparta de mí este cáliz; pero no se haga mi voluntad, sino la tuya» (*Lc* 22, 42-43). Y se agarró con amor al madero.

Que encuentr...
Que ames a Cristo
Que busques a Cristo
Que encuentres a Cristo.
Que ames a Cristo
Que busques a Cristo
Que encuentres a Cristo.
Que ames a Cristo
Que busques a Cristo
Que encuentres a Cristo.
Que ames a Cristo
Que busques a Cristo
Que encuentres a Cristo.
Que ames a Cristo
a

Que encuentr...
Que ames a Cristo.
Que busques a Cristo.
Que encuentres a Cristo.

Que encuentres a Cristo.
Que ames a Cristo.
Que busques a Cristo.
Que encuentres a Cristo.

Que encuentres a Cristo.
Que ames a Cristo.
Que busques a Cristo.
Que encuentres a Cristo.

Que encuentres a Cristo.
Que ames a Cristo.
Que busques a Cristo.
Que encuentres a Cristo.

Que encuentres a Cristo.
Que ames a Cristo.
Que busques a Cristo

QUE ENCUENTRES A CRISTO

Encontrar es una etapa muy ligada a la esperanza, «Haz, Señor, que desde la fe en tu Amor vivamos cada día con un amor siempre nuevo, en una alegre esperanza» (F. Ocáriz, *Carta pastoral*, 14-II-2017, n. 33). El encuentro personal con Jesucristo es el corazón de la vida cristiana, solo desde ahí podemos conocer a Dios, sus enseñanzas, su Amor. Para caminar siempre, como nos recuerda san Pablo, «alegres en la esperanza» (*Rm* 12, 12).

En esta etapa, las ideas de san Josemaría giran en torno a varios «palos rojos» que pueden ayudarte en este encuentro:

- En primer lugar, **la persona de Cristo.** Encontrarle es adentrarnos en su Humanidad Santísima, ir conociendo con más profundidad a Jesucristo y descubrir Quién es. No desde la teoría, sino desde la vivencia personal. Redescubrirle, si ya le conoces desde hace tiempo, en el pan y en la palabra.

- Encontrarle es **descubrir cuánto nos ama y su Divina Amistad.** Que ese encuentro se traduzca en una relación personal, un tú a tú marcado por la audacia y la confianza. Encontrar tu manera de tratarle y amarle.

- Seguir a Cristo, como decía san Josemaría, es **acompañarle tan de cerca que vivamos con Él,** que nos contagiemos de sus sentimientos y pensamientos. En definitiva, que seamos otros Cristos. Encontrarle es acoger su voluntad en nuestra vida.

- A Dios también **le encontramos en muchos otros sitios.** Está presente en todo lo que te rodea: en la belleza de las cosas creadas, en la vida corriente, en los demás, en el trabajo, en los amores humanos y en todas las realidades buenas y verdaderas.

- Encontrar a Cristo es también **encontrar su Cruz.** El misterio de un amor que quiso morir por nosotros, asumiendo todos nuestros dolores y nuestras faltas; que acompaña nuestros sufrimientos y nuestras pruebas, en la hora de la tentación o de la oscuridad interior. No hay realidad humana que se le escape.

- Y **ante nuestras caídas,** encontrarle es siempre re-encontrarle. Al igual que en la etapa anterior, siempre estaremos buscando y encontrando.

- Si sientes que le **has perdido, o te resulta muy áspero el tramo de tu vida** que atraviesas, también es posible encontrarle ahí, en esa ceguera de los sentidos y en la sequedad de los afectos.

Y en todos los puntos verás cómo ya se empieza a **amar en el encuentro.**

19

Pierde el miedo a llamar al Señor por su nombre —Jesús— y a decirle que le quieres (C. 303).

«Jesús, Jesús, sé siempre para mí Jesús». ¡Qué audacia la de san Josemaría, que nos enseñaba a rezarle así!, utilizando ese Dulce Nombre «ante el que toda toda rodilla se dobla en el cielo, en la tierra, en el abismo» (*Flp* 2, 10-11).

Con frecuencia, para encontrar a Cristo hay que empezar por llamarle, y decir su nombre, sin miedo. Porque Él, Dios inmenso, ha querido hacerse hombre, niño, para hacernos más cercano y comprensible su amor por nosotros. Y también para que a nosotros nos sea más fácil amarle, como a uno de los nuestros.

Dulcísimo nombre. Que pierda el miedo a llamarte así siempre, que no me acostumbre a decir: «Jesús, te quiero», «Jesús, te quiero querer», «Jesús, te quiero *querer querer*».

«Quien busca, encuentra, al que llama se le abre», solo tengo que tener fe, y esperanza, en la fuerza de Tu nombre. ¿Como diría la Virgen: «Yeshúa»…?

20

Antes, solo, no podías... Ahora, has acudido a la Señora, y, con Ella, ¡qué fácil! (C. 513).

A veces nos complicamos, cuando amar es tan sencillo. Recuerda que Jesús nos dejó a su Madre. Si Jesús está siempre con María y María está siempre con Jesús, ¿por qué no acudimos a Ella para encontrarle? Qué fácil es aprender a amar a Jesús junto a María: en sus brazos cuando es Niño, a su lado durante las predicaciones y milagros por Palestina, en el camino del Calvario cuando le acompaña dolorosa, y yerto, frío, cuando le bajaron de la Cruz. Ella nos enseña cómo encontrar a Jesús en cada momento de la vida, y nos permite también acompañarla.

¡Qué no podré hacer con Ella! Como los niños pequeños, que se saben todopoderosos en los brazos de su madre, junto a ti, Madre nuestra, me atrevo a decir «podemos». Contigo todo es más sencillo, más fácil.

21
Procura lograr diariamente unos minutos de esa bendita soledad que tanta falta hace para tener en marcha la vida interior (C. 304).

¿Cómo encontrar a Quien vive en mí? Él te da la respuesta: «cuando te pongas a orar, entra en tu aposento y, con la puerta cerrada, ora a tu Padre, que está en lo oculto; y tu Padre, que ve en lo oculto, te recompensará. Y al orar no empleéis muchas palabras como los gentiles, que piensan que por su locuacidad van a ser escuchados. Así pues, no seáis como ellos, porque bien sabe vuestro Padre de qué tenéis necesidad antes de que se lo pidáis» (*Mt* 6, 6-9).

Cerrar la puerta, cuánto me cuesta en este mundo de luces, ruidos y velocidad. La soledad del alma, en la calma del recogimiento, es necesaria para poder encontrar a Dios, primero en nuestro aposento interior y después en el bullicio de la calle.

En la oración, recogido el corazón, centrado en Ti, mi alma se ensancha. La llenas de luz y solo tengo que dejar hacer, dejarme abrazar y escuchar. Me dices todo aquello que mi corazón necesita para encontrar la auténtica alegría y la paz.

Que no deje de buscar esos ratos a solas, ¡qué necesaria soledad entre Él y yo!

22

Considera lo más hermoso y grande de la tierra..., lo que place al entendimiento y a las otras potencias..., y lo que es recreo de la carne y de los sentidos... Y el mundo, y los otros mundos, que brillan en la noche: el Universo entero. Y eso, junto con todas las locuras del corazón satisfechas..., nada vale, es nada y menos que nada, al lado de ¡este Dios mío! —¡tuyo!— tesoro infinito, margarita preciosísima, humillado, hecho esclavo, anonadado con forma de siervo en el portal donde quiso nacer, en el taller de José, en la Pasión y en la muerte ignominiosa... y en la locura de Amor de la Sagrada Eucaristía (C. 432).

¡Cuánto nos maravilla el mundo! Cuántas bellezas, experiencias, alegrías y placeres encontramos en nuestro paso por la tierra. Piensa en todos ellos. En todo lo que es bueno y que te apasiona. En todo lo que ves brillar una «alegría» que intuyes que no es solo de esta tierra. Todo eso es bueno, son destellos del amor de Dios por el mundo. «Y yéndolos mirando, con sola su figura, vestidos los dejó de hermosura», canta san Juan de la Cruz a las cosas hermosas de esta tierra, que lo son porque han salido de la mano del Creador.

Ahí también podemos encontrarle, ahí debemos encontrarle. Pero sin olvidar que no son nuestro fin, sino señales luminosas que nos hablan de Él.

Si las criaturas son tan bellas, ¿cómo será el Creador? Si es tan grande el amor que de ellas recibo, ¿cómo será el de nuestro Hacedor?

He sido creado por amor, amado hasta el extremo, desde su Encarnación hasta la Cruz, y ahora en la Eucaristía.

Jesús cómo viviría si creyera en tus palabras…: «El Reino de los Cielos es como un tesoro escondido en el campo que, al encontrarlo un hombre, lo oculta y, en su alegría, va y vende todo cuanto tiene y compra aquel campo. Asimismo el Reino de los Cielos es como un comerciante que busca perlas finas y, cuando encuentra una perla de gran valor, va y vende todo cuanto tiene y la compra» (*Mt* 13, 44-46).

Si has encontrado a Jesús, al Amor, ¿a qué esperas para venderlo todo, a qué esperamos?

23

«María escogió la mejor parte», se lee en el Santo Evangelio. Allí está ella, bebiendo las palabras del Maestro. En aparente inactividad, ora y ama. Des-

pués, acompaña a Jesús en sus predicaciones por ciudades y aldeas. Sin oración, ¡qué difícil es acompañarle! (C. 89).

Jesús descansaba en Betania, Marta le servía y María le escuchaba. A Jesús le agradan estos dos servicios, pero destaca cuál es la diferencia importante entre las dos hermanas: el amor con el que obra cada una.

Al contemplar este punto, pienso en María, ¿y acaso hay algo mejor que mirar al Maestro, cara a cara, cada vez que nos lo encontramos?, sea en nuestros ratos de oración o sea en nuestro lugar en el mundo. Ojalá fuera como María y no tuviera más ambición que amarle, que mirarle y que beber sus palabras allí donde le encuentre.

San Josemaría explicaba que nuestra vida en medio del mundo tenía que ser la unión de Marta y María. Hacemos muchas cosas cada día, nos preocupamos mucho por los suyos y por todas sus cosas. Y todo es muy bueno, pero no podemos perder de vista que solo una cosa es importante: Él. Que Él esté en todas nuestras acciones.

Y también nos enseñaba que, si ponemos en primer lugar a Dios —a ti, Jesús—, luego todo sale, y llegamos a más porque es Él quien llega a todos y a todo a través de nosotros.

Mis acciones serán santas y eficaces Contigo, por Ti y en Ti.

24

Et in meditatione mea exardescit ignis. Y, en mi meditación, se enciende el fuego. A eso vas a la oración: a hacerte una hoguera, lumbre viva, que dé calor y luz. Por eso cuando no sepas ir adelante, cuando sientas que te apagas, si no puedes echar en el fuego troncos olorosos, echa las ramas y la hojarasca de pequeñas oraciones vocales, de jaculatorias, que sigan alimentando la hoguera. Y habrás aprovechado el tiempo (C. 92).

Un lugar de encuentro privilegiado es la oración. El lugar donde se enciende ese fuego del que habla san Josemaría y que habitaba en el corazón de tantos santos. Es su calor el que frecuentemente nos atrae y es un reflejo del corazón de Cristo.

¡Cuántas veces nos notamos tibios o apagados, y querríamos que ardiese nuestro corazón para poder vivir de Él y pegar ese fuego a quienes nos rodean! Queremos, Señor, que nos enciendas. De ordinario nos cuesta reconocer que avivar el corazón también depende un poco de nosotros, es fruto de las cosas pequeñas que —a modo de pequeñas ramitas— echamos al fuego de tu Corazón y prenden también el nuestro. Es muy difícil encender una hoguera sin antes prender muchas ramas pequeñas, primero van las astillas y luego ya los troncos grandes.

Señor, ayúdame a ser humilde y perseverar en las cosas pequeñas por amor. ¡Enciende mi corazón!

25

Es preciso convencerse de que Dios está junto a nosotros de continuo. Vivimos como si el Señor estuviera allá lejos, donde brillan las estrellas, y no consideramos que también está siempre a nuestro lado. Y está como un Padre amoroso —a cada uno de nosotros nos quiere más que todas las madres del mundo pueden querer a sus hijos—, ayudándonos, inspirándonos, bendiciendo... y perdonando. ¡Cuántas veces hemos hecho desarrugar el ceño de nuestros padres diciéndoles, después de una travesura: ¡ya no lo haré más! Quizá aquel mismo día volvimos a caer de nuevo... Y nuestro padre, con fingida dureza en la voz, la cara seria, nos reprende..., a la par que se enternece su corazón, conocedor de nuestra flaqueza, pensando: pobre chico, ¡qué esfuerzos hace para portarse bien! Preciso es que nos empapemos, que nos saturemos de que Padre y muy Padre nuestro es el Señor que está junto a nosotros y en los cielos (C. 267).

A veces, durante el camino, por falta de buenos ejemplos o a causa de nuestras propias miserias, podemos tener desdibujada en nuestro corazón la verdadera imagen de Dios Padre. Para encontrarle, es preciso reconocer su amor, contemplar su auténtico rostro y experimentar su corazón misericordioso. Él siempre nos espera con los brazos abiertos.

Esto puede no resultarnos fácil, pero, sabiéndolo, Jesús ya nos señaló el camino: «En verdad os digo: si no os convertís y os hacéis como los niños, no entractéis en el Reino de los Cielos. Pues todo el que se humille como este niño, ese es el mayor en el Reino de los Cielos» (*Mt* 18, 1-4).

La infancia espiritual —ser como niños ante Él— es el camino más rápido para llegar a Dios. Santa Teresita lo llamaba «el ascensor divino», y san Josemaría también nos lo recomendaba con frecuencia. Ha sido uno de los atajos más empleados por los santos, y también puede ser el nuestro.

Dios está siempre con nosotros, habita en nuestro corazón en gracia y no solo eso, sino que también nos has dicho que «son mis delicias estar con los hijos de los hombres» (*Pr* 8, 31). ¿Cómo responder a esto? Si quieres fomentar esta infancia espiritual, empieza por seguir ese otro consejo que nos daba san Josemaría: «Amigo mío: si tienes deseos de ser grande, hazte pequeño. Ser pequeño exige creer como creen los niños, amar como aman los niños, abandonarse como se abandonan los niños..., rezar como rezan los niños» («Al lector», *Santo Rosario*).

¡Jesús quiero ser niño! Díselo, tú también puedes empezar a jugar ahora mismo.

26

Acostúmbrate a elevar tu corazón a Dios, en acción de gracias, muchas veces al día. Porque te da esto y lo otro. Porque te han despreciado. Porque no tienes lo que necesitas o porque lo tienes.

Porque hizo tan hermosa a su Madre, que es también Madre tuya. Porque creó el Sol y la Luna y aquel animal y aquella otra planta. Porque hizo a aquel hombre elocuente y a ti te hizo premioso...

Dale gracias por todo, porque todo es bueno (C. 268).

A veces, para rezar no hacen falta palabras. Descubrimos a Dios en el asombro agradecido, o en el entusiasmo, ante aquello que nos parece bello, bueno o verdadero. Ante aquello que nos toca en lo más profundo del alma. Ahí también está el Señor y ahí también hemos de encontrarle.

El agradecimiento tiene gran fuerza, mueve a la reciprocidad, nos despierta al otro y hace nacer el amor. El propio Jesús nos lo enseña: «Padre, te doy gracias porque me has escuchado» (*Jn* 11, 41-42). Dios sale siempre al encuentro del alma agradecida, y nos echa en falta cuando no reconocemos todo lo que hace por nosotros.

El agradecimiento es otro gran atajo para encontrarle. ¡Si fuera consciente de que mi vida es un don, un regalo! Dios quiere que disfrutemos de él, y que seamos conscientes de que también cada uno de nosotros somos un don que Dios ha querido hacer al mundo.

¡Ojalá nuestros ojos y nuestro corazón vieran siempre el cielo en la tierra!, viendo a Dios presente en todo lo que nos rodea. Si viviéramos así, solo tendríamos palabras de admiración y agradecimiento.

27

No seas tan ciego o tan atolondrado que dejes de meterte dentro de cada Sagrario cuando divises los muros o torres de las casas del Señor. Él te espera. No seas tan ciego o tan atolondrado que dejes de rezar a María Inmaculada una jaculatoria siquiera cuando pases junto a los lugares donde sabes que se ofende a Cristo (C. 269).

Quien está enamorado o quiere cautivar a otra persona no pierde ninguna oportunidad para encontrarse y cruzar, al menos, una mirada… «cuando estabas debajo de la higuera, te vi» (*Jn* 1, 48-49).

Un enamorado no deja de percibir en todo momento la presencia y la mirada de su amado. Jesús nos busca, y se ha quedado en el Sagrario para que también nosotros lo encontremos y podamos cruzar con Él tantas miradas. «Acude perseverantemente ante el Sagrario, de modo físico o con el corazón, para sentirte seguro, para sentirte sereno: pero también para sentirte amado…, ¡y para amar!» (*Forja*, 837).

Vivir de amor, vivir enamorados, ¡qué alto me parece este ideal!, a veces incluso lo veo inalcanzable, porque aún me falta fe, me falta amor. Pero Él me enseñará. Solo tengo que intentar responder, en todo momento y circunstancia, a esas miradas suyas; a cada encuentro con quien quiero que sea el Amor de mi vida.

¡Ojalá que el ruido, el quehacer y la velocidad del día a día no apaguen en mí sus llamadas ni su presencia! Que Le busque constantemente, en todo lo que me recuerda a Él, y especialmente en cada Sagrario, donde Jesús me espera oculto bajo la forma de pan.

28

«Padre —me decía aquel muchachote (¿qué habrá sido de él?), buen estudiante de la Central[3]—, pensaba en lo que usted me dijo... ¡que soy hijo de Dios!, y me sorprendí por la calle, "engallado" el cuerpo y soberbio por dentro... ¡hijo de Dios!»

Le aconsejé, con segura conciencia, fomentar la «soberbia» (C. 274).

Hijo de Dios. ¿Yo hija/hijo de Dios? Sí, Dios es mi Padre. Tu Padre.

Nunca ahondaremos lo suficiente en esta realidad. ¿Cómo viviríamos, pensaríamos y amaríamos si de verdad lo creyéramos? San Josemaría, el 16 de octubre de 1931, anduvo por las calles de Madrid conmocionado, repitiendo la palabra «Abba» (padre, papá) durante horas, al calar, por primera vez, la inmensidad de que era hijo de Dios.

«Sentí la acción del Señor, que hacía germinar en mi corazón y en mis labios, con la fuerza de algo imperiosamente necesario, esta tierna invocación: *Abba! Pater!* Estaba yo en la calle, en un tranvía [...]. Probablemente hice aquella oración en voz alta. Y anduve por las calles de Madrid, quizá una hora, quizá

---

[3] La Central: así se llamaba a la Universidad de Madrid, en la época en que fue escrito *Camino*.

dos, no lo puedo decir, el tiempo se pasó sin sentirlo. Me debieron tomar por loco. Estuve contemplando con luces que no eran mías esa asombrosa verdad, que quedó encendida como una brasa en mi alma, para no apagarse nunca» (Andrés Vázquez de Prada, *El Fundador del Opus Dei I*, p. 20).

Esta borrachera de amor de san Josemaría fue un regalo del Cielo, que él nos quiso transmitir para que nosotros también entendiéramos que hemos de vivir así. Ese encuentro con el Amor, en un tranvía, por la calle, nos da luces —como a ese muchachote estudiante de la Central— para buscarle y encontrarle ahí nosotros también, con esa actitud de niños, confiados, seguros, amantes. ¡Qué hermoso y sencillo es este camino en el que Dios se hace el encontradizo! Que yo viva, Señor, con esta hondura, con este relieve, mi vida ordinaria.

Dame la gracia de encontrarte y de sentirme hijo de Dios, que descubra que dentro tengo un palacio real, lleno de cuartos donde patinar.

29

Si pierdes el sentido sobrenatural de tu vida, tu caridad será filantropía; tu pureza, decencia; tu mortificación, simpleza; tu disciplina, látigo, y todas tus obras, estériles (C. 280).

Cuando nos falta la dimensión sobrenatural de nuestra vida, nos falta lo más importante. Una vez que hemos encontrado la razón de nuestra existencia —que somos creados por amor y para amar—, todo lo que se aleja del amor se queda estéril. El sentido sobrenatural de nuestra vocación en medio del mundo, de la llamada personal que a todos los cristianos dirige nuestro Padre Dios, carece de sentido si la dejamos de ver con los ojos de la fe y del amor de Dios.

Y qué fácil es acostumbrarse. La rutina y la inercia son parte también de nuestro día a día. Por eso a veces hemos de limpiar el polvo y sacar brillo a nuestras intenciones. ¿Por qué hago lo que hago?, ¿para qué lo hago?, ¿por quién lo hago? La mirada meramente humana se queda corta y he de intentar descubrir dónde está Él, en todos los acontecimientos de mi vida.

No podemos asustarnos de nuestras flaquezas e inercias, son parte del camino, pero incluso ahí el Señor nos busca para que le re-encontremos.

30

Te escribí, y te decía: «me apoyo en ti: ¡tú verás qué hacemos...!» —¡Qué íbamos a hacer, sino apoyarnos en el Otro! (C. 314).

San Josemaría era un experto en llevar lo humano a lo divino. Y así nos lo enseñó. Todos necesitamos el apoyo de los otros, especialmente de quienes sabemos que nos quieren bien y en quienes nos sentimos seguros. Dios no nos quiere solos, cuenta con que nos sostengamos los unos a los otros, como los castillos de naipes.

El mismo Jesús buscaba el apoyo y el consuelo de sus amigos más íntimos, de su Madre, y por encima de todo, el de su Padre Dios. Ni siquiera en la Cruz se quedó solo, le acompañaron los más cercanos a su corazón.

Dios quiere ser parte de esos amores de nuestro corazón, y como hacemos con ellos también Dios anhela que nos refugiemos en Él, buscando la fuerza y el consuelo que el corazón tantas veces necesita. Además, el mismo Jesús nos animó: «Pedid y se os dará; buscad y encontraréis; llamad y se os abrirá; porque todo el que pide, recibe; y el que busca, encuentra; y al que llama, se le abrirá» (*Lc* 11, 9-12).

¿Voy a desaprovechar un tesoro tan grande?

31

Es verdad que a nuestro Sagrario le llamo siempre Betania... Hazte amigo de los amigos del Maestro: Lázaro, Marta, María. Y después ya no me preguntarás por qué llamo Betania a nuestro Sagrario (C. 322).

El Señor buscaba lugares de encuentro y descanso con los suyos. ¡Qué humana y qué divina es esta necesidad! Betania era uno de sus lugares favoritos, porque en él estaba entre amigos. San Josemaría quería que cada Sagrario que él tuviese cerca fuese un lugar así para el Señor. Donde Él se sintiera cuidado, acogido, escuchado, amado... Al igual que nos gusta hacer descansar a los nuestros, también hemos de fomentar que se cuide así al Señor. Recuerda que amamos con un solo corazón.

Jesús, desearía que mi Sagrario más cercano fuera nuestro Betania. Donde siempre encuentres mi corazón para descansar. Que tus amigos me enseñen a escucharte, como Lázaro, a servirte, como Marta, y a solo mirarte a ti, como María. Y que allí no solo saciemos tu sed de amor, sino que descubramos también que solo tú puedes saciar la nuestra. «El agua que yo le daré será en él *una fuente* de agua que salte hasta la *vida eterna*» (*Jn* 4, 13-14).

A pesar de mis deseos a veces te descuido en nuestro Betania, los actualizo ahora, junto con mis propósitos. Sé que te agradan mucho esos deseos de tener deseos, para amarte siempre más y mejor.

32
Si el Amor, aun el amor humano, da tantos consuelos aquí, ¿qué será el Amor en el cielo? (C. 428).

Experimentar un amor es uno de los grandes tesoros de esta vida. Todos lo sabemos, amar y ser amados es el camino hacia la felicidad. Pero a veces nos aferramos en exceso a lo sensible, ¿por qué nos empeñamos en pensar que solo el amor humano es capaz de consolar y colmar nuestro corazón?

«Dios es amor», dice san Juan. Es la fuente de todos los amores, que son su reflejo. En Él debo pensar cuando el amor, aquí en la tierra, me sonría, y también cuando no lo encuentre o me tropiece con la dificultad. En los dos casos aprenderé más de Él y de la naturaleza de ese Amor que me espera en el Cielo.

E iré entendiendo, poco a poco, esas otras palabras del santo: «¿Saber que me quieres tanto, Dios mío, y no me he vuelto loco?» (C. 425).

33

No temas a la Justicia de Dios. Tan admirable y tan amable es en Dios la Justicia como la Misericordia: las dos son pruebas del Amor (C. 431).

En nuestros errores y miserias también hemos de encontrar a Dios. No podemos vivir con miedo o dejando que entren en nuestra alma sombras de recelo y oscuridad. Dios es tan justo como misericordioso, ve en lo escondido, conoce nuestras intenciones y los deseos más íntimos. Como al hijo pródigo, nos ve incluso cuando caminamos a lo lejos.

A santa Faustina K. Jesús le reveló las dimensiones de su misericordia: «Di a las almas que es en el tribunal de la misericordia donde han de buscar consuelo; allí tienen lugar los milagros más grandes y se repiten incesantemente». Ese tribunal Jesús ha querido que sea el sacramento de la penitencia, la confesión. Basta acercarnos a ella, confesar con fe nuestras miserias «y el milagro de la Misericordia de Dios se manifestará en toda su plenitud». Nada es imposible para Dios.

¡Qué accesible te tenemos! Y cuántas veces el miedo o la vergüenza nos separan. Que anhele tu gracia, que tenga fe en esos milagros que se operan en mi alma cada vez que vuelvo, como el hijo menor, y te confieso mis faltas.

34

Decía un alma de oración: en las intenciones, sea Jesús nuestro fin; en los afectos, nuestro Amor; en la palabra,

nuestro asunto; en las acciones, nuestro modelo (C. 271).

Cristo que pasa, eso es un santo. Alguien que se ha identificado con Él y que a Él refleja, y a ello aspiramos los cristianos.

Quisiéramos ser Cristo que pasa, en nuestras familias, para nuestros amigos, con nuestros colegas de trabajo... Pero, Señor, para que Tú estés en mí, para que todo lo que hago te muestre y sea «obra de Dios», necesito antes encontrarte.

Este es el secreto de una vida con Dios, encontrarle en cada recodo del camino. Y para ello he de ser alma de oración. Solo así mi alma se modelará a imagen de la suya y suyos serán mis afectos, mis inspiraciones, mis sentimientos y mis acciones. Y no seré yo, sino Cristo quien viva en mí.

35

Nuestra voluntad, con la gracia, es omnipotente delante de Dios. Así, a la vista de tantas ofensas para el Señor, si decimos a Jesús con voluntad eficaz, al ir en el tranvía por ejemplo: «Dios mío, querría hacer tantos actos de amor y de desagravio como vueltas da cada rueda de este coche», en aquel mismo instante delante de Jesús realmente le hemos amado y desagraviado según era nuestro deseo. Esta «bobería» no se sale de la infancia espiritual: es el diálogo eterno entre el niño inocente y el padre chiflado por su hijo: —¿Cuánto me quieres? ¡Dilo! Y el pequeñín silabea: —¡Mu-chos mi-llo-nes! (C. 897).

Cómo nos insistía san Josemaría en la eficacia de la infancia espiritual. Él iba por delante enseñándonos a ser muy pequeños ante Jesús. Qué «simples» pueden parecer sus peticiones, pero qué inmensas son ante Dios. Un niño todo lo puede conseguir ante su Padre.

El Señor nos dice a cada uno de nosotros: «Tú eres mi hijo; yo te he engendrado hoy. Pídeme y te daré en herencia las naciones, los confines de la tierra en propiedad» (*Sal* 2, 7-8). Nos lo quiere dar todo, a veces solo espera que se lo pidamos. Y como esos padres chiflados de la tierra, también Él quiere escuchar nuestras respuestas.

Aumenta tu confianza y tu sencillez para tratarle. Si en tu corazón anidan estos deseos, Él vendrá a llenarlo por completo. Pero no te impacientes, díselo y repite, cuando sientas que aún el corazón flaquea o que Él no es aún todo para ti: cuando Tú quieras, como Tú quieras, donde Tú quieras.

36
No olvides que el Dolor es la piedra de toque del Amor (C. 439).

Encontrarse con el dolor es encontrarse con Cristo. Él quiso padecer antes todos nuestros dolores, para así estar en ellos cuando nos llegasen.

No es fácil aceptar que Dios decidiese mostrarnos su infinito amor a través de una Cruz, otro de esos misterios que nunca terminaremos de contemplar: «Antes de la fiesta de la Pascua, sabiendo Jesús que había llegado la hora de pasar de este mundo al Padre, habiendo amado a los suyos que estaban en el mundo, los amó hasta el extremo» (*Jn* 13, 1-7).

No quiero dudar de tu amor cuando me llegue la cruz, ni cuando me lleguen esos dolores del corazón que a veces son tan difíciles de entender. Las ausencias o incomprensiones, los anhelos no satisfechos, los aparentes fracasos de mi vida entregada… todo puede ser materia de purificación si lo sé reconducir hacia Ti. No quiero que nada se pierda.

Nuestro amor también se purifica en el dolor si lo unimos al tuyo. Y poco a poco nos enseñarás a amar más a la medida de tu corazón y menos a la medida del nuestro. «(…) una cruz sobre otra —un pinchazo…, y otro…, ¡qué gran montón! Al final, niño, has sabido hacer una cosa grandísima: Amar» (C. 885).

37

¡Solo! No estás solo. Te hacemos mucha compañía desde lejos. Además…, asentado en tu alma en gracia, el Espíritu Santo —Dios contigo— va dando tono sobrenatural a todos tu pensamientos, deseos y obras (C. 273).

La soledad. Cuántas veces la sentimos y qué miedo le tenemos, cuántas veces notamos su peso y la amargura en el alma. A veces es física, muchas otras espiritual o emocional. No estamos hechos para estar solos, pero es que nunca lo estamos.

Si realmente tuviésemos fe, creeríamos que Él está siempre en nuestra alma en gracia. Y que además nos ha dejado el regalo de la Comunión de los Santos. Todos hermanos en Cristo, una sola familia y raza: la de los hijos de Dios. Este es el gran secreto del cristiano. Pero hay que pedirle a Dios con fuerza que nos dé delicadeza de alma para experimentarlo.

Los hijos de Dios no tendrían que «sufrir» esta soledad, pero cuando la sientas, no desesperes. El Señor a veces la permite y ahí te espera. Encontrar a Cristo es también encontrar sus llagas. Le abrieron una bien visible en el corazón, cuando estaba clavado en la Cruz, y quizá le abrieron otra, no tan visible, cuando sus tres amigos le dejaron solo antes de su Pasión en el Huerto.

Refúgiate en esas heridas suyas y acompáñale con tu dolor en su soledad. Ya ninguno de los dos estaréis solos.

Que no estás solo, que estás de espaldas a todo el amor de Dios y no te das ni cuenta.

38

Te duelen las faltas de caridad del prójimo para ti. ¿Cuánto dolerán a Dios tus faltas de caridad —de Amor— para Él? (C. 441).

En el camino del amor es preciso encontrar —y encontrarse— con los sentimientos de Cristo. Saber qué sentía y cómo le afectaban las cosas. El Evangelio está repleto de pasajes que nos muestran cómo Jesús echa de menos los detalles de cariño: «¿Ves a esta mujer? Entré en tu casa y no me diste agua para los pies. Ella, en cambio, me ha bañado los pies con sus lágrimas y me los ha enjugado con sus cabellos. No me diste el beso. Pero ella, desde que entré, no ha dejado de besar mis pies. No has ungido mi cabeza con aceite. Ella, en cambio, ha ungido mis pies con perfume» (*Lc* 7, 44-47).

Jesús, que no olvide que Tú tienes un corazón de carne como el mío, y que Tu corazón quiere necesitar y sentir mi cariño palpable en obras. Quisiera aprender a tratarte con la misma delicadeza enamorada con la que te trató esa mujer santa. ¡Que mi amor sea siempre más grande que mis pecados!

39

Dice Jesús: «y cualquiera que deje casa o hermanos o hermanas o padre o madre o esposa o hijos o heredades por causa de mi nombre, recibirá cien veces más y poseerá la vida eterna». ¡A ver si encuentras, en la tierra, quien pague con tanta generosidad! (C. 669).

Los apóstoles, cuando ya llevaban un tiempo junto a Jesús, seguramente notaron el peso del camino y todo lo que habían dejado por seguirle. A veces, a nosotros nos pasa lo mismo y nos entra el miedo, como a Pedro, que le preguntó qué les iba a dar a cambio.

La respuesta del Señor es generosa.

Cuando venga la duda o la tristeza, medita estas palabras del Señor. Tú también lo has dejado todo y Él te lo ha prometido todo. Llegará, ten paciencia cuando sientas que no llega o que no palpas ese «cien veces más». Es normal que el corazón y el cuerpo, a veces, añoren. El Señor sabe de qué pasta estamos hechos, conoce ¡y valora! cada una de esas entregas.

«Te amo, Señor, porque me da la gana de amarte: este pobre corazón podría haberlo entregado a una criatura… ¡y no! ¡Lo pongo entero, joven, vibrante, noble, limpio, a tus pies, porque me da la gana!» (*En diálogo con el Señor*, n. 2).

Necesitamos creer en sus promesas. Nadie ha sido nunca tan generoso. Ten fe, nos animan los santos, y pronto veremos cómo Él siempre se excede y su amor nos sorprende.

40

Esas desazones que sientes por tus hermanos me parecen bien: son prueba de vuestra mutua caridad. Procura, sin embargo, que tus desazones no degeneren en inquietud (C. 465).

Cuando amamos, nuestro corazón sufre y se alegra con los otros. No es una simple empatía, es que hacemos nuestro lo suyo. Y a veces, ante circunstancias difíciles, puede llegarnos la inquietud o el desasosiego, que nos roban la paz del alma e, incluso, la confianza en Dios.

San Josemaría nos animaba siempre a rezar por los demás, a poner todos los medios humanos como si no hubiese sobrenaturales y todos los sobrenaturales como si no hubiese humanos.

Cuando alguien nos necesita, y ya sentimos que no podemos ayudarle más, no debemos perder la paz. Puede que, si llega la desazón, sea a consecuencia de que no nos fiamos de que Dios cuida de los nuestros, que antes que nuestros son suyos.

La viuda de Naím, los amigos del paralítico, el centurión bueno, la mujer cananea… hay tantas personas en el Evangelio que supieron ser pacientes y confiar en Jesús. Ellos abandonaron las preocupaciones y enfermedades de su gente en el Señor. Tú y yo, ¿cómo confiamos en Él?

41

Eres excesivamente candoroso. ¡Que son pocos los que practican la caridad! Que tener caridad no es dar ropa vieja o monedas de cobre… Y me cuentas tu caso y tu desilusión. Solo se me ocurre esto: vamos tú y yo a dar y a darnos sin tacañería. Y evitaremos que quienes nos traten adquieran tu triste experiencia (C. 468).

Los corazones grandes muchas veces se llevan decepciones. Nuestro modo de amar en la tierra es muy limitado, todos cometemos errores, y el egoísmo es una fuerza que con frecuencia nos derriba. Nuestro corazón humano, que tanto anhela, también se cansa y busca protegerse.

El gran peligro es que el desencanto degenere en desilusión, y que la desilusión congele nuestros deseos de amar. No podemos responder por los demás, hemos de aceptar siempre su libertad y no dejar que nuestra felicidad más íntima dependa de sus respuestas. San Josemaría, corazón grande, también se enfrentó a ello, y en este punto te deja su respuesta:«Vamos tú y yo a darnos sin tacañería». La magnanimidad es una cualidad de los corazones enamorados. Pero para esto, para dar y no quedarnos en números rojos por el camino, necesitamos estar muy cerca del Señor y rectificar la intención con frecuencia. Él nos enseñará a vivir primero de su amor, y también hará que, a su hora, nos lleguen los consuelos humanos que necesitamos.

No te olvides de que es perfecto Dios y perfecto Hombre. Con un corazón como el tuyo y como el nuestro.

42

Cuanto más me exalten, Jesús mío, humíllame más en mi corazón, haciéndome saber lo que he sido y lo que seré, si tú me dejas (C. 591).

Si te das a Dios, Él hará maravillas a través de ti. Y tú también, con sus dones, haces muchas cosas buenas. No te extrañes de que, por lo tanto, muchas veces te alaben.

El Señor se gloría en sus obras hermosas y a Él también le agradan esas alabanzas. Agradéceselas con el corazón tranquilo. Si se te inquieta, medita despacio que sin Él no podríamos hacer nada. «Porque todo el que se ensalza será humillado, y el que se humilla será ensalzado» (*Lc* 14, 8-11).

Humillarse no es negar sus dones, ni menospreciar sus milagros en nosotros. Es reconocer serenamente nuestra nada y que… «No olvides, niño bobo, que el Amor te ha hecho omnipotente» (C. 875).

43

«Saludad a todos los santos. Todos los santos os saludan. A todos los santos que viven en Éfeso. A todos los santos en Cristo Jesús, que están en Filipos» —¿Verdad que es conmovedor ese apelativo —¡santos!— que empleaban los primeros fieles cristianos para denominarse entre sí? Aprende a tratar a tus hermanos (C. 469).

Jesús nos dejó la medida del amor que esperaba entre nosotros: «Que os améis los unos a los otros como Yo os he amado» (*Jn* 13, 33-35). Los primeros cristianos tenían muy presente este mandato, y veían en sus hermanos a amados del Señor.

¡Qué mirada tan limpia y profunda es la que el Señor espera de un cristiano! ¡Y qué calidad la del amor que nos propone! Ante esto, al palpar nuestras limitaciones, quizá podemos sentirnos incapaces. Se nos olvida que el Señor no espera que lo hagamos solos, sino que espera que le «robemos» a Él el amor con el que amar a los demás.

Decía san Josemaría: «Hijos míos, ¿sabéis por qué os quiero tanto?… porque veo bullir en vosotros la Sangre de Cristo». Pide al Señor que te ayude a verle en cada persona, en cada hermano en la fe. La mirada del Señor no sabe de rencores, de antipatías o de diferencias. Él, sobre todo, ve nuestros deseos y esfuerzos, todas nuestras luchas al caer y al levantarnos, como han hecho siempre los santos.

Y, recordando el contexto de ese mandamiento nuevo, decía otra alma sabia: «A amar solo se aprende comulgando».

44

Reconoce humildemente tu flaqueza para poder decir con el Apóstol: *cum enim infirmor, tunc potens sum* —porque cuando soy débil, entonces soy fuerte (C. 604).

«Señor, te amo. ¡Tú eres mi fortaleza!» (*Sal* 18, 1). La Iglesia ha rezado así durante siglos y nos ha animado a no olvidarlo. Tenemos que vivir sabiendo cuánto le necesitamos, sin preocuparnos de nuestras pequeñeces o debilidades. Que son muchas, Tú sabes cuántas.

Además, experimentarlas, aunque de entrada nos humille, nos salva. Porque nos llevan a volver a Él y a acudir a nuestra Madre. Hay muchas formas de encontrar al Señor, pero una de ellas es a través de nuestra debilidad.

No puedo entristecerme ante mis miserias. Las conozco demasiado y me pesan, puedo enumerarlas sin problema, ¿pero puedo encontrar cómo cada una me acerca a Él? «Fiel es Dios, que no os dejará ser *tentados* más de lo que podéis resistir» (*1 Co* 10). Él las permite y no deja de amarme por ellas. ¡Qué seguridad tan grande, qué fortaleza en la debilidad!

Jesús, ayúdame a ser humilde, ayúdame a vivir sabiendo cuánto te necesito y a encontrarte en mi debilidad.

45

La prueba esta vez es larga. Quizá —y sin quizá— no la llevaste bien hasta aquí... porque aún buscabas consuelos humanos. Y tu Padre-Dios los arrancó de cuajo para que no tengas más asidero que Él (C. 722).

A veces nos cuesta entender la forma de proceder del Señor, sus caminos no parecen nuestros caminos. ¡Y tenemos tanto miedo de sufrir!, tanto miedo a la soledad, a la aridez del corazón, al embotamiento de los sentidos, al desconcierto del alma... En toda vida de entrega hay noches oscuras, son parte del juego divino que ya han descrito los santos:

«¿Adónde te escondiste, Amado, y me dejaste con gemido? Como el ciervo huiste habiéndome herido; salí tras Ti clamando, y eras ido» (San Juan de la Cruz, *Cántico espiritual*).

El Señor se nos muestra y se nos esconde, porque quiere que le sigamos libremente. El camino puede hacerse entonces largo, es la hora de la purificación del corazón. No tengas miedo, seguramente estás sin consuelos humanos porque vas a encontrar al Consolador.

Cuando sientas que te quita tus seguridades, que le has perdido o que te tambaleas como en una cuerda floja, recuerda a Pedro andando sobre la mar revuelta, «¿Por qué has dudado?» (*Jn* 14, 31-33). Confía en que también a ti te tiende la mano, grítale, como el apóstol, que te salve: «Señor, salva mi vida», persevera en tu camino y espera a que te muestre que «solo Dios basta».

46

Me dices que tienes en tu pecho fuego y agua, frío y calor, pasioncillas y Dios...: una vela encendida a San Miguel, y otra al diablo.

Tranquilízate: mientras quieras luchar no hay dos velas encendidas en tu pecho, sino una, la del Arcángel (C. 724).

En el corazón libramos muchas batallas, cuando la carne se rebela o cuando esas «pasioncillas» se levantan. Entonces nos sentimos capaces de todos los errores y de todos los horrores. No debería extrañarnos nunca, esta vida es un largo combate, y quien persevere hasta el final «recibirá la corona de la vida que el Señor ha prometido a quienes le aman» (*St* 1, 12).

La lucha ya es la respuesta. Es la decisión que demuestra que estamos apostando por nuestro Jesús en este combate, universal, entre el bien y el mal. No te asustes ante las posibles caídas, Él solo te pide que te levantes de nuevo y no dejes de intentarlo. Acude a san Miguel que está de nuestro lado, y si aun así sientes la derrota, repite con san Josemaría estas palabras de reparación y abandono:

«Y a Jesús le digo: Señor, quisiera ser tuyo de verdad, que mis pensamientos, mis obras, mi vivir entero fueran tuyos. Pero ya ves: esta pobre miseria humana me ha hecho ir de aquí para allá tantas veces… Me hubiese gustado ser tuyo desde el primer momento: desde el primer latido de mi corazón, desde el primer instante en el que la razón mía comenzó a ejercitarse. No soy digno de ser —y sin tu ayuda no llegaré a serlo nunca— tu hermano, tu hijo y tu amor. Tú sí que eres mi hermano y mi amor, y también soy tu hijo. Y si no puedo coger a Cristo y abrazarlo contra mi pecho, me haré pequeño e iré a María» (*En diálogo con el Señor*, n. 62).

Y así, las cicatrices de esas caídas serán algún día las medallas de tu victoria.

47

En carne viva. Así te encuentras. Todo te hace sufrir en las potencias y en los sentidos. Y todo te es tentación… Sé humilde —insisto—: verás qué pronto te sacan de ese estado: y el dolor se trocará en gozo: y la tentación, en segura firmeza. Pero, mientras, aviva tu fe; llénate de esperanza; y haz continuos actos de Amor, aunque pienses que son solo de boca (C. 727).

Cuando uno pelea de veras, nota el dolor de las heridas que se abren en el proceso. Hay muchas y es bueno que las conozcas. Todo nos es tentación: la belleza del mundo y de las criaturas, las posibilidades de otra vida al alcance de la mano, el espejismo de una existencia más cómoda, la renuncia a compromisos que hoy pesan, el miedo de habernos equivocado… El corazón no se siente lleno o satisfecho, y duda que algún día pueda estarlo. Parece que nos faltan las fuerzas y no aguantamos más cruz, más sufrimiento. «En carne viva. Así te encuentras».

Solos no podemos. Es verdad. «Sé humilde: verás que pronto te sacan de este estado». Acude a quienes pueden ayudarte, a esos maestros del alma que el Señor pone a nuestro lado. Expón, muestra esas heridas y el dolor que te producen. Sé pequeño. Y repite, con san Josemaría, esos actos de Amor que te recomiendan, aunque te parezcan una farsa o una comedia en tu estado. Es la hora de la fe y de la confianza en que ni los del Cielo ni los de la tierra nos dejarán solos, y «verás que pronto te sacan de este estado».

Mantener esa fe y esa obediencia es ya encontrar a Jesús y amarle.

48

La Virgen Santa María, Madre del Amor Hermoso, aquietará tu corazón, cuando te haga sentir que es de carne, si acudes a Ella con confianza (C. 504).

Santa María, Madre del Amor Hermoso. Qué hermosa jaculatoria para pedir la calma del corazón cuando nos duele o se rebela ante tantas cosas. Pídele un corazón puro y un amor así a su Hijo. Y paladea lentamente tantas otras jaculatorias que en otras ocasiones te hayan consolado: Madre amable, Madre del buen consejo, Madre de la esperanza, Causa de nuestra Alegría, Reina de la Paz…

Confiamos en ti, sabemos que nunca has dejado de lado a todos los que han acudido a tu protección, implorando tu asistencia y reclamando tu socorro.

«Me haré pequeño e iré a María. Si Ella tiene sobre su brazo derecho a su Hijo Jesús, yo, que soy hijo suyo también, tendré allí también un sitio. La Madre de Dios me cogerá con el otro brazo, y nos apretará juntos contra su pecho» (*En diálogo con el Señor*, n. 62).

49

Tu Crucifijo. —Por cristiano, debieras llevar siempre contigo tu Crucifijo. Y ponerlo sobre tu mesa de trabajo. Y besarlo antes de darte al descanso y al despertar: y cuando se rebele contra tu alma el pobre cuerpo, bésalo también (C. 302).

Besar al Crucificado. Esto que nos recomienda aquí san Josemaría encierra una honda sensibilidad ante lo humano y lo divino.

A Jesús le encontramos y tocamos de muchas formas, pero una muy especial es a través de su Cruz. La Cruz siempre ha sido objeto de veneración del cristiano, porque nos habla del Amor de Dios hasta el extremo. Ahí está Él, inocente, muriendo por mí, y ahí también quiero poner mi corazón para llenarlo de amor y de fuerza.

Ante esa fuente de amor, un alma enamorada desea corresponder sin acostumbramiento. Amamos de muchas maneras, pero también necesitamos *encarnar* ese amor, porque somos alma y cuerpo. Besar, también lo sagrado, ha sido siempre una de las formas más hermosas de adorar a Dios en la liturgia; porque es una de las formas más puras de *encarnar* un amor que se desborda. Los niños, desde muy pequeños, aprenden a besar. Y el tacto es uno de los grandes lenguajes del amor que también hemos de poner al servicio de nuestro amor a Dios.

San Josemaría tenía un corazón desbordado por ese Amor y buscaba mil formas de encarnarlo: bailaba al Niño, besaba sus imágenes o los vasos sagrados, llenaba a la Virgen de miradas… Besar el crucifijo es una forma de integrar esa afectividad nuestra en el encuentro con el Señor, no podemos dejarla de lado.

Bésalo para agradecer y adorar, pero bésalo especialmente cuando el cuerpo se te rebele o cuando duela por eso que tú sabes. Besa las llagas de su cuerpo crucificado, como seguramente hicieron su Madre y la Magdalena al bajarlo de la cruz. Acostúmbrate a aferrarlo siempre, háblale o llora con Él, te mantendrá fiel y seguro ante los cantos de sirena que pretendan alejarte de tu camino. Y le agradarás mucho y encontrarás consuelo.

50

Di: Madre mía —tuya, porque eres suyo por muchos títulos—, que tu amor me ate a la Cruz de tu Hijo: que no me falte la Fe, ni la valentía, ni la audacia, para cumplir la voluntad de nuestro Jesús (C. 497).

Abrazar la cruz no es fácil. Sentimos que nos rompe, nos da miedo y preferimos seguir esos miles de espejismos que nos prometen una vida fácil y el consuelo a corto plazo. Y dejamos a Jesús solo.

Y no se nos puede olvidar que «para llegar a Dios, Cristo es el camino; pero Cristo está en la Cruz, y para subir a la Cruz hay que tener el corazón libre, desasido de las cosas de la tierra» (*Vía Crucis*, X Estación).

A los pies de esa Cruz estaba María. Ella es ejemplo de aceptación de la voluntad de Dios, no con resignación, sino con fe y valentía. Lo guardaba todo en su corazón, incluso lo que aún no era capaz de entender. Confió en Dios hasta límites extraordinarios.

Cuando tú también quieras huir, o necesites una soga que te ate al mástil, acude a Ella. Guarda en tu corazón tantos momentos en los que Él se ha hecho presente en tu vida y la ha llenado de luz, mostrándote la grandeza de su amor y de la misión. Cuando llegue la cruz, no regatees, acude a María y pídele, con fe como san Josemaría, que nos mantenga fieles y felices junto a su Jesús.

51

«Me hizo gracia que hable usted de la "cuenta" que le pedirá Nuestro Señor. No, para ustedes no será Juez —en el sentido austero de la palabra— sino simplemente Jesús». Esta frase, escrita por un Obispo santo, que ha consolado más de un corazón atribulado, bien puede consolar el tuyo (C. 168).

«Simplemente Jesús».

Porque con mi vida le habré buscado, encontrado y amado tantas veces que no es ni será nunca un extraño.

Porque Él es Amor y lo sé, porque ya lo he experimentado.

Porque sabe cuándo me siento y me levanto, porque desde lejos conoce todos mis pensamientos, y porque además tantas veces se los he dado.

Porque he querido y peleado que Él sea mi todo.

Porque Él es Jesús, con quien tengo una relación personal y única, sin la que ya no quiero vivir.

Porque…

Es momento de que dejes hablar a tu corazón y escuches todos esos motivos por los que para ti también será solamente Jesús.

52

El corazón, a un lado. Primero, el deber. Pero, al cumplir el deber, pon en ese cumplimiento el corazón: que es suavidad (C. 162).

Cómo puede costar leer este punto, mi corazón se rebela al escuchar que lo ponga a un lado, pero no se trata de anularlo, es, simplemente, aprender a amar.

Corazón y cabeza no están reñidos. Son dos partes de un todo, el volante y el motor. Los necesitamos para recorrer el camino de la vida, cada uno con su función y siempre unidos, pues sin dirección no llegamos donde queremos y sin energía no podríamos movernos. Primero tienes que saber a dónde quieres ir y, después, habrá que poner toda la energía para llegar hasta allí.

Del corazón emana la energía amorosa, suave, que hace amable el camino propio y ajeno. Y que, sobre todo, nos ayuda a hacerlo nuestro y a quererlo, porque sabemos que es bueno.

53

Domine! —¡Señor!— *si vis, potes me mundare* —si quieres, puedes curarme. —¡Qué hermosa oración para que la digas muchas veces con la fe del leprosito cuando te acontezca lo que Dios y tú y yo sabemos! No tardarás en sentir la respuesta del Maestro: *volo, mundare!* —quiero, ¡sé limpio! (C. 142).

Los enfermos y necesitados perseguían a Jesús, cuántas escenas así hay en el Evangelio. Le gritaban suplicando que les librase de sus males. El Señor a veces les hizo esperar, y después alabó la fe que manifestaban con su insistencia e ingenio para hacerse escuchar. Esa espera les hizo crecer en fe y acercarse al Señor.

También nosotros hemos de aprender a «gritar» al Señor y pedirle que nos cure, especialmente ante esas debilidades o defectos que no nos dejan amar bien. Que Él purifique los afectos que no nos dejan volar alto o que nos ayude a romper con los que nos alejan de Él. Que sane las heridas afectivas que aún sangran en nuestro corazón, o que nos ayude a limpiar las que tenemos putrefactas.

A veces te puede pasar como a esos personajes del Evangelio y quizá pienses que no te escucha. Jesús, si puedes curarnos, ¿por qué a veces tardas tanto? Díselo también con la misma fe que el leprosito y que el ciego. Jesús, Tú eres médico divino, cúrame y transforma mi corazón, para que pueda querer con más fuerza, con más pureza y con más amor.

54

A la hora de la tentación piensa en el Amor que en el cielo te aguarda: fomenta la virtud de la esperanza, que no es falta de generosidad (C. 139).

El Señor no nos quiere desenamorados, sino repletos y felices. Esto no es incompatible con experimentar la tentación, sea cual sea el estado de nuestra vida. En esos momentos podemos pensar que nuestros esfuerzos son en vano, que no podemos vivir sin aquello que nuestros espejismos nos prometen, y desearíamos ver a Jesús más cerca, sentirnos más reafirmados en su presencia.

En el amor no existe el término medio. Si quieres amarle con todo el corazón, huye de las ocasiones de pecado, y ante el resto de realidades que experimentes confíate a Jesús:

«Considerad con qué finura nos invita el Señor. Se expresa con palabras humanas, como un enamorado: Yo te he llamado por tu nombre... Tú eres mío. Dios, que es la hermosura, la grandeza, la sabiduría, nos anuncia que somos suyos, que hemos sido escogidos como término de su amor infinito. Hace falta una recia vida de fe para no desvirtuar esta maravilla que la Providencia divina pone en nuestras manos» (*Es Cristo que pasa*, n. 32).

Quien ama de veras no tiene miedo de apostar y arriesgar por lo amado. ¿Vamos nosotros a ser menos?

55

Quítame, Jesús, esa corteza roñosa de podredumbre sensual que recubre mi corazón, para que sienta y siga con facilidad los toques del Paráclito en mi alma (C. 130).

Los limpios de corazón encontrarán a Dios. Si queremos enamorarnos de ese Alguien a quien no vemos con los ojos del cuerpo, necesitamos cultivar una gran sensibilidad de espíritu. Solo así podremos apreciar su Belleza y elegirla por encima de todo lo demás.

Nuestra sociedad moderna es muy hedonista y carnal. No podemos extrañarnos de que todo esto nos afecte y nos salpique, también se nos manchan los zapatos al caminar. Las trampas de la sensualidad nos embotan el alma, quieren hacernos vivir como animalillos, al viento caprichoso de los instintos, quitándonos el señorío y el dominio de nuestra libertad. Por eso es bueno pedirle al Señor delicadeza y sensibilidad para vivir la pureza alegre —y humana— que Él nos pide.

El alma limpia purifica también nuestra mirada y el resto de los sentidos, esto no implica rechazar lo bueno, sino saber el tiempo y la medida de todas las cosas. «Todo es lícito. Pero no todo conviene. (...) En fin, tanto si coméis, como si bebéis, o hacéis cualquier otra cosa, hacedlo todo para gloria de Dios» (*1 Co* 1, 23-31).

Si alimentas tu alma de su Belleza, podrás distinguir mejor dónde está el lodo y caminar sin mancharte.

¡Jesús, que —como decía san Josemaría— odie el pecado y que siempre me abrace a ti!

56

Te ves tan miserable que te reconoces indigno de que Dios te oiga... Pero, ¿y los méritos de María? ¿Y las llagas de tu Señor? Y... ¿acaso no eres hijo de Dios? Además, Él te escucha *quoniam bonus..., quoniam in saeculum misericordia ejus:* porque es bueno, porque su misericordia permanece siempre (C. 93).

¡Qué necios somos a veces!, cuando más le necesitamos, salimos corriendo en dirección contraria en vez de ir a su encuentro. Nos olvidamos de quién es Él y de que somos sus hijos. ¿Por qué no me termino de creer estas verdades? ¿Por qué prefiero que pesen más en mí las miserias de mi corazón?

Recuerda que ser hijo, ser niño, es aprender a llamarle Padre. Y que esto es algo que tendrás que seguir aprendiendo, de manera especial, en tu vida adulta, cuando las miserias son más patentes y quizá más hediondas. Él nos espera con los brazos abiertos, nada hay que podamos hacer para merecer su amor infinito, pero es que ya lo tenemos. No hay nada que necesites hacer, tan solo acoger con humildad sus verdades y agradecer tanta misericordia. «Por sus llagas hemos sido curados» (*Is* 53, 5), hasta del dolor y del mal Él saca bienes.

«Consideré que soy un borrico sarnoso. Y pedí —pido— al Señor que cure la sarna de mis miserias con la suave pomada de su Amor: que el Amor sea un cauterio que queme todas las costras y limpie toda la roña de mi alma» (San Josemaría, 9 de octubre de 1931).

Jesús, que cuando vea toda mi miseria, jamás deje de considerar toda tu grandeza y el amor de nuestra Madre. Que te llame Padre.

57

¡Madre! Llámala fuerte, fuerte. Te escucha, te ve en peligro quizá, y te brinda, tu Madre Santa María, con la gracia de su Hijo, el consuelo de su regazo, la ternura de sus caricias: y te encontrarás reconfortado para la nueva lucha (C. 516).

Nuestra Madre es camino seguro. Ella también vela por nosotros y está siempre a la espera de nuestras llamadas. Su regazo es refugio para todos los desconciertos y traiciones del corazón.

¿Cómo experimento su maternidad?, ¿cómo creo que me quiere y protege más que todas las madres del mundo? A veces nos hacemos mayores demasiado pronto, y no podemos dejar de ser niños en nuestra vida interior. También ser niño es aprender una vez más a llamarle Madre.

Madre, ojalá que, como ellos, no deje de gritar cuando te necesite, y que no pare hasta sentir toda tu ternura. Si una madre de esta tierra puede calmar y confortar nuestro corazón, ¿cómo puedo dudar de nuestra Madre del cielo? Atrévete, con las palabras de san Josemaría y con la seguridad del «acordaos», a reposar en su regazo cada vez que tu corazón tiemble.

58

En Cristo tenemos todos los ideales: porque es Rey, es Amor, es Dios (C. 426).

Ante esta consideración, Señor, ¿por qué será que, a veces, sentimos que no nos bastas…? Porque aún queda mucho que purificar en nuestro corazón y porque solo una relación auténtica con Él podrá saciarnos.

Un Rey del universo que quiere reinar en nuestros corazones.

Una fuente de Amor infinita que nos busca con pasión de enamorado.

Un Dios todopoderoso que se ha hecho hombre para que nosotros también le encontremos y amemos.

No te desanimes cuando experimentes tu nada ante su grandeza.

«Señor: que yo te busque, que te mire, que te ame. Mirar es poner los ojos del alma en Ti, con ansias de comprenderte, en la medida en que —con tu gracia— puede la razón humana llegar a conocerte. Me conforme con esa pequeñez. Y cuando veo que entiendo tan poco de tus grandezas, de tu bondad, de tu sabiduría, de tu poder, de tu hermosura… cuando veo que entiendo tan poco, no me entristezco. Me alegro de que seas tan grande que no quepas en mi pobre corazón, en mi miserable cabeza. ¡Dios mío! ¡Dios mío!… si no sé decirte otra cosa, ya basta.

¡Dios mío! Toda esa grandeza, todo ese poder, toda esa hermosura…, ¡mía! Y yo…, ¡suyo!» (*En diálogo con el Señor*, n. 121).

Tú eres mío, y yo soy tuyo. Qué audacia y qué verdad tan grandes.

59

Rectitud de corazón y buena voluntad: con estos dos elementos y la mirada puesta en cumplir lo que Dios quiere, verás hechos realidad tus ensueños de Amor y saciadas tus hambres de almas (C. 490).

Un consejo sencillo y una propuesta ambiciosa. Vivir de Amor y que Él alimente y colme esos deseos:

«¡Oh, Jesús —le diré—, quiero ser una hoguera de locura de Amor! Quiero que mi presencia sola sea bastante para encender al mundo, en muchos kilómetros a la redonda, con incendio inextinguible. Quiero saber que soy tuyo. Después, venga Cruz: nunca tendré miedo a la expiación… Sufrir y amar. Amar y sufrir. ¡Magnífico camino! Sufrir, amar y creer: fe y amor. Fe de Pedro. Amor de Juan. Celo de Pablo» (Andrés Vázquez de Prada, *El fundador del Opus Dei I*, pp. 413-414).

No dejes de alimentar, como sabes, esa hoguera, el calor y la atracción del fuego harán el resto.

60

Vive de Amor y vencerás siempre —aunque seas vencido— en las Navas[4] y los Lepantos[5] de tu lucha interior (C. 433).

Vivir de Amor es tarea de toda una vida. Una conquista en la que habrá cimas, llanuras, barrancos, caídas, incluso agujeros negros. A veces, el Amor parece que se pierde de vista, y que el desaliento, la duda y el desencanto nos invaden. Son las fases de un camino vivo, de una batalla activa. Es el momento de la purificación interior. El Señor nos habló de una puerta estrecha y muchas veces así lo experimentamos.

En esos momentos de fragor hemos de aferrarnos a Él. Con frecuencia, san Josemaría nos recomendaba rectificar la intención de todos nuestros actos, pues solo una intención vale la pena: hacer las cosas por Amor. Aunque sientas que la niebla no te deja verle, trata de vivir por Cristo, con Él y en Él. Por

---

[4] Las Navas de Tolosa: famosa batalla acaecida en 1212 en el sur de España, vencida por los ejércitos de los reinos cristianos de la península ibérica sobre los musulmanes de Andalucía y norte de África.

[5] Lepanto: batalla naval que tuvo lugar en el Mediterráneo, en 1571, entre una escuadra turca y otra cristiana. Fue vencida por la flota cristiana.

amor, santa Teresita recogía alfileres del suelo y se sabía conquistando montañas, y san Josemaría «hacía comedia» al poner en sus actos un amor que en esos momentos no encontraba. En lo sencillo y en lo oculto está Él, y no dejará que ninguno de esos esfuerzos se pierdan.

Solo el amor perdura, todos los demás porqués y todas las demás fuentes de energía se agotan. «Amor, Cruz, Alegría… y victoria. ¡Fuera congojas!» (San Josemaría, 17 de octubre de 1931).

Que encuentr...

Que ames a Cristo.

Que busques a Cristo

Que encuentres a Cristo.

Que ames a Cristo.

Que busques a Cristo

Que encuentres a Cristo.

Que ames a Cristo.

Que busques a Cristo

Que encuentres a Cristo.

Que ames a Cristo.

Que busques a Cristo.

Que encuentres a Cristo.

Que ames a Cristo.

Que ames a Cristo

Que encuentres a Cristo.

Que ames a Cristo

Que busques a Cristo

Que encuentres a Cristo.

Que ames a Cristo.

Que busques a Cristo

Que encuentres a Cristo.

Que ames a Cristo.

Que busques a Cristo

Que encuentres a Cristo.

Que ames a Cristo.

Que busques a Cristo.

Que encuentres a Cristo.

Que ames a Cristo

QUE AMES A CRISTO

Amar a Cristo es, en primer lugar, sabernos amados. Pues solo podremos dar lo que hemos recibido. Es dejar que entre en nuestro corazón y lo ilumine, que camine a nuestro lado, y así, como les ocurrió a los discípulos de Emaús, notaremos cómo arde nuestro corazón en el camino. Y desde ahí vivir la gran virtud de la caridad.

Los «palos rojos» que articulan esta etapa son:

- La importancia de **amar a Dios con todo el corazón.** Es todo nuestro ser el que se implica en esta tarea, con nuestras luces y sombras, con nuestra unicidad y nuestra particular historia. Amamos con lo que somos, con el único corazón que tenemos. Y cuando Dios lo pide por entero, es aún más importante, si cabe, conocer y materializar ese amor.

- Cuando vamos aprendiendo a amar así, **nos vamos enamorando,** y empezaremos a adorarle, a tener ansias de estar junto al Sagrario y cerca de Él. Y le acompañaremos, le consolaremos, desagraviaremos, por tantas ofensas propias y ajenas.

- Nuestro **trato con Él se hace más audaz, confiado, ¡atrevido incluso!,** como tantos puntos de san Josemaría que encontrarás en esta etapa. Él nos enseña a tratarle también así.

- Amamos a Dios **de una manera muy especial en los demás.** Sabemos que en cada persona hemos de buscar, encontrar y amar el rostro de Cristo. Y esto se traduce en nuestra entrega al servicio de todos y de quienes más nos necesitan.

- **Le amamos con la vida y en la vida.** Es en nuestra vida ordinaria, oculta y silenciosa, donde Él nos espera. Le podemos amar con nuestro trabajo, con nuestras obras, con las cosas pequeñas, en las circunstancias personales de cada uno. Queremos vivir su vida en la nuestra.

- **El alma se vuelve así contemplativa,** se sabe con Él, por Él y en Él en cada momento. En la alegría y en el dolor. En los tramos gozosos y en los ásperos del camino.

- Amar es mucho más que un sentimiento o una emotividad encendida. **Se respalda con las obras y el sacrificio.** Y son esta voluntad y este deseo los que van construyendo la perseverancia en el amor aun cuando se atraviesen temporadas difíciles y que por eso parecen más oscuras.

- **Amar es, por último, dar vida.** Por eso, un corazón enamorado es siempre fecundo y expansivo. Somos para la muchedumbre.

61

Dios mío, te amo, pero... ¡enséñame a amar! (C. 423).

Amar como aman Dios Padre, Dios Hijo, Dios Espíritu Santo, ese es el AMOR con mayúsculas del que tantas veces escribió san Josemaría. Si estamos aquí delante de ti, Señor, si estamos siguiendo estos pasos, es porque ya te estamos buscando, encontrando y amando. En gerundio, como una acción empezada pero siempre inacabada.

Los apóstoles le pedían al Señor que les enseñase a orar, nosotros también le pedimos que nos enseñe a amar, porque solos no podemos. No te impacientes, pide y espera. Él te irá enseñando a través de tu vida cotidiana, si la vas empapando de tu cercanía con Él y de tus pequeñas luchas. En nuestro trato con los demás encontraremos un gran campo de batalla, una gran escuela de virtudes donde podemos encontrar a Cristo.

Santa Teresita nos enseñaba a confiar en que Dios no puede inspirar deseos irrealizables. Si deseas amar, Él te enseñará. San Josemaría, en *Surco,* nos dejaba otro gran secreto de su corazón: «Amar es... no albergar más que un solo pensamiento, vivir para la persona amada, no pertenecerse, estar sometido venturosa y libremente, con el alma y el corazón, a una voluntad ajena... y a la vez propia» (*Surco,* 797).

62

¿Saber que me quieres tanto, Dios mío, y... no me he vuelto loco? (C. 425).

«Loquito, eso me han llamado muchas veces y no me importa porque es verdad, loco de amor de Dios….». Estas palabras de san Josemaría nos golpean, nos admira la fuerza con la que habla de su amor a Dios y del amor que de Él recibe. Era un alma enamorada, y Dios nos llama a todos a aspirar a este Amor.

Señor, saber que me quieres tanto…. es la verdadera sabiduría del corazón. La que hemos de meditar tantas veces y a la que el ejemplo audaz de los santos nos conduce:

«Hablémosle nosotros mismos en confidencia amorosa, como amigos íntimos, como hermanos, como hijos. ¡Jesús, verte, hablarte! ¡Permanecer así, contemplándote, abismado en la inmensidad de tu hermosura y no cesar nunca, nunca en la contemplación! ¡Oh, Cristo, quién te viera! ¡Quién te viera para quedar herido de amor de Ti y, embriagado y sustentado de este amor, no cuidar ya de las cosas del mundo! ¡Cristo, quién te viera! ¡Quién te viera y quedase amorosamente hundido en tu seno, amándote sin cesar y siendo amado de Ti, y resucitase el encanto de aquella vieja leyenda del monje que pasó los siglos —siglos que no fueron sino un momento— arrobado, en la presencia de tu infinita hermosura!» (San Josemaría, Meditación, 3 al 4-VI-1937, en AGP, serie A.4, 45-3-16).

63
Jesús no se satisface «compartiendo»: lo quiere todo (C. 155).

A todos nos pide el Señor un amor por entero. «Amarás al Señor, tu Dios, con todo tu corazón, con toda tu alma, con todo tu ser» (*Mt* 22, 34-40), porque estamos hechos para Él.

Enamorarse de Dios no es para unos pocos escogidos, es para todos los cristianos. Sea cual sea tu estado o tu vocación, Dios te llama y te pide que le quieras así: «con todo tu ser». No hace falta tener nada especial, tan solo corazón y ese deseo.

«El Señor —Maestro de Amor— es un amante celoso que pide todo lo nuestro, todo nuestro querer» (*Forja*, 45). Pero al pedir, da, y nunca violenta nuestra libertad: «No se impone dominando: mendiga un poco de amor» (*Es Cristo que pasa*, n. 179).

El corazón es uno de los tesoros más preciados que nos ha dado Dios, junto con la libertad para poder amar. Él se hace el encontradizo, como en Emaús, y si queremos, también nosotros podremos decirle que se quede.

64

Frente de Madrid. Una veintena de oficiales, en noble y alegre camaradería. Se oye una canción, y después otra y más. Aquel tenientillo del bigote moreno solo oyó la primera: Corazones partidos yo no los quiero; y si le doy el mío, lo doy entero. «¡Qué resistencia a dar mi corazón entero!». Y la oración brotó, en cauce manso y ancho (C. 145).

El Señor nos busca incansablemente a través de lo más humano, como a ese tenientillo al que cautivó con una canción. Y nos pide el corazón. Qué sencillo y que fácil puede parecer eso de darlo por entero al Señor, hasta que nos ponemos a intentarlo. Entonces notamos las resistencias que todos tenemos: miedos, heridas, apegos, egoísmos… Podemos hasta dudar de la eficacia de ese amor al Señor.

Tú, Jesús, ¿realmente puedes llenar mi corazón por entero?, ¿qué es mi corazón por entero?

Lo rápido y lo fácil es llenar el corazón de sucedáneos del Amor, aparentemente más dulces, más cercanos, más fáciles, pero que no sacian. Hasta los amores humanos más limpios han de estar anclados en el suyo, porque solos tampoco bastan.

Dejarse llenar el corazón es una apuesta a medio y largo plazo. El Señor lo hace poco a poco, transformando nuestra agua en vino, si nos dejamos. «Dame, hijo, tu corazón, y que tus ojos guarden mis caminos» (*Pr* 23, 26).

Y recuerda cómo sigue la canción que encendió al tenientillo… «Corazón que no quiera sufrir dolores pase la vida entera libre de amores».

65

Tienes miedo de hacerte, para todos, frío y envarado. ¡Tanto quieres despegarte! Deja esa preocupación: si eres de Cristo —¡todo de Cristo!—, para todos tendrás —también de Cristo— fuego, luz y calor (C. 154).

Ser por entero de Cristo requiere la decisión radical de la Magdalena. Como ella, también hemos de romper a sus pies todo el frasco del mejor perfume, nuestro amor más íntimo, solo para Él.

El secreto para una sana autonomía afectiva es tener el corazón muy lleno de su amor. Y desde Él, amar sin miedo a todas las criaturas. A veces podemos tener miedo de que se nos escape el corazón, miedo de darle a alguien ese tipo de amor que queremos reservar solo para Dios, o miedo a quedarnos solos. Pero no se trata de eso, el amor exclusivo a Dios no implica dejar de dar y recibir amor.

No tengas miedo. Congelar o aislar el corazón, por miedo a que se nos ensucie o desvíe, es una tentación diabólica, nada apaga más un alma y la aleja de Dios que el miedo a amar. La autonomía afectiva es simplemente saber que ese rincón más íntimo que tu amor anhela, es de Él, y que no has de buscarlo fuera. Él se encargará de colmarlo.

Tú preocúpate por ser de Cristo y «Jesús hará que tomes a todos los que tratas un cariño grande, que en nada empañará el que a Él le tienes. Al contrario: cuanto más quieras a Jesús, más gente cabrá en tu corazón» (*Forja*, 876).

Y esta realidad maravillosa te llenará con plenitud.

66
El Amor... ¡bien vale un amor! (C. 171).

A veces, quizá, ese Amor te pedirá otros amores, como lo hizo con Juan o con la Magdalena. Te pide de manera especial que no compartas con nadie más esa dimensión más íntima de tu corazón por entero. Tu alma y tu cuerpo. Porque te quiere solo para Él: el celibato.

Quedarse sin un amor humano puede parecer costoso. Todos lo buscamos en esta tierra, porque estamos creados precisamente para amar. Cientos de libros y películas nos hablan sobre el amor humano y su grandeza. Si el Señor te lo pide, si te invita, no es ninguna faena, es una predilección. No será una vida alejada de todo eso que la hace buena y bella.

San Josemaría nos lo repetía, y con él muchos otros santos que nos han dejado el ejemplo arrollador de su existencia: «Somos enamorados del Amor. Por eso, el Señor no nos quiere secos, tiesos, como una cosa sin vida: ¡nos quiere impregnados de su cariño!» (*Forja*, 492).

Seguir al Señor por el camino de la entrega total ha de ser un camino de amor pleno, o si no, no será. Como en todo camino, hay procesos, etapas, aprendizajes, crisis y crecimientos. Pero la fuente y el destino han de ser siempre el Amor.

Si te enamoras, lo experimentarás con creces.

¿De qué nos sirven todos los amores de la tierra si Él nos ofrece, como camino, el suyo en exclusiva?

67
¡Qué hermoso es perder la vida por la Vida! (C. 218).

En la misma línea que en el punto anterior, san Josemaría aborda ese otro miedo que nos puede asaltar: perdernos la vida. ¿Pero qué vida es esa que no queremos perder? El joven rico se fue triste y dejó también triste a Jesús, porque era una vida material y comodona a la que estaba aferrado. No sabía él lo buen pagador que era el Maestro y no veía el espejismo hueco que eran sus bienes. Nosotros lo sabemos, pero quizá lo que nos dé miedo es perder otras dimensiones de la vida si optamos por vivirla a su servicio.

Es verdad que esta vida es la única que tendremos en esta tierra, ¡nos aferramos tanto a nuestra «pobre vida»! Pero el Señor ha sido claro: «Quien encuentre su vida, la perderá; pero quien pierda por mí su vida, la encontrará» (*Mt* 10, 39-40).

Darnos o no darnos no puede ser cuestión de cálculo o egoísmo, tampoco de miedos, es siempre cuestión de invitación y respuesta, desde una libertad que ama. A todos nos pide que nuestra vida sea útil y deje poso, que no la gastemos solo en nosotros, sino que la demos con magnanimidad. Dónde, cómo y a quién ya son decisiones a dirimir entre Él y tú. Pídele que te ayude a sustituir tus miedos por tus sueños.

Que no se nos olvide que Él nos ha prometido la Vida, que nuestros nombres están escritos en el cielo, y que como decía la santa castellana: «Ya toda me entregué y di, y de tal suerte he trocado, que mi Amado es para mí y yo soy para mi Amado».

68
¡No hay más amor que el Amor! (C. 417).

Podemos y debemos amar a muchas personas, podemos y debemos llenar nuestro corazón de afectos… pero el corazón es de Dios.

No lo dudes: el corazón ha sido creado para amar. «Metamos, pues, a Nuestro Señor Jesucristo en todos los amores nuestros. Si no, el corazón vacío se venga, y se llena de las bajezas más despreciables» (*Surco*, 800).

Él no es un rival ni un competidor. Al contrario, es la fuente de todos los amores que queremos tener en el corazón, en Él se ordenan y encuentran todo su sentido, porque también hay dificultades, ¡y muchas!, en los amores de la tierra y es en Él donde radica la fuerza y sanación para poder seguir amando. Él está en todos nuestros amores. «En verdad os digo que cuanto hicisteis a uno de estos mis hermanos más pequeños, a mí me lo hicisteis» (*Mt* 25, 40) y es modelo del amor que deseamos dar.

Por eso, no podemos dejar de avanzar y nunca diremos basta. Siempre estaremos —hasta que lleguemos al cielo— caminando y reencontrándonos con Él para poder seguir amando a los demás, como Él quiera, donde Él quiera, cuando Él quiera.

69

Me has hecho reír con tu oración… impaciente. Le decías: «no quiero hacerme viejo, Jesús… ¡Es mucho esperar para verte! Entonces, quizá no tenga el corazón en carne viva, como lo tengo ahora. Viejo, me parece

tarde. Ahora, mi unión sería más gallarda, porque te quiero con Amor de doncel» (C. 111).

Esta es la oración de un alma joven que anhela. ¡Qué hermosa es la oración del deseo! El deseo de verte, de amarte, de conocerte, de recibirte, ¡de tantas cosas!... Dicen que los deseos son la primera forma de amar:

«El deseo de Dios está inscrito en el corazón del hombre, porque el hombre ha sido creado por Dios y para Dios; y Dios no cesa de atraer al hombre hacia sí, y solo en Dios encontrará el hombre la verdad y la dicha que no cesa de buscar» (*Catecismo de la Iglesia Católica*, 27).

La rutina o el peso de la vida adulta pueden haber acallado estos deseos de mi alma. Necesito redescubrirlos y purificarlos de la mediocridad, porque ellos me acercan a Dios y me hacen volver a degustar su presencia con corazón joven.

Vultum tuum, Domine, requiram (Sal 26, 8), buscaré, Señor, tu rostro. Me ilusiona cerrar los ojos, y pensar que llegará el momento, cuando Dios quiera, en que podré verle, no como en un espejo, y bajo imágenes oscuras... sino cara a cara (*1 Co* 13, 12). Sí, mi corazón está sediento de Dios, del Dios vivo: ¿cuándo vendré y veré la faz de Dios? (*Sal* 41, 3)» (*Santo Rosario*, 4º misterio luminoso).

Sé audaz y trátale con la misma ternura e intimidad como hacía san Josemaría.

70

Le decías: «No te fíes de mí... Yo sí que me fío de ti, Jesús... Me abandono en tus brazos: allí dejo lo que tengo, ¡mis miserias!». Y me parece buena oración (C. 113).

Cómo nos consuela saber que hasta nuestras miserias podemos abandonar en Dios, pues muchas veces es lo único que tenemos. Este abandono y esta confianza son la actitud que nos pide. Él conoce nuestra naturaleza y no hay excusas para no amar puesto que hasta las miserias las acoge Dios como prenda de ese amor.

La conciencia de nuestra fragilidad y el peso de nuestros errores pueden a veces desanimarnos o incluso asustarnos. En esos momentos de tormentas interiores —o exteriores— tenemos que recordar las palabras del Maestro: «Se levantó en el mar una tempestad tan grande que las olas cubrían la barca; pero Él dormía. Se le acercaron (los apóstoles) para despertarle diciendo: —¡Señor, sálvanos, que perecemos! Jesús les respondió: —¿Por qué os asustáis, hombres de poca fe?» (*Mt* 8, 23-27).

Esa actitud de abandono y confianza es la que el Señor nos pide, incluso cuando nos sabemos pecadores.

Que nunca te pierda, Señor, por soberbia u orgullo ante mis caídas. Que no me fíe de mí, sino de Ti. Y dame el don de tratarte con la humanidad y confianza con la que san Josemaría te lo pedía: «¡Grítaselo

fuerte, que ese grito es chifladura de enamorado!:
Señor, aunque te amo..., ¡no te fíes de mí! ¡Átame a
Ti, cada día más!» (*Surco*, 799).

71

**No pidas a Jesús perdón tan solo de tus culpas: no le
ames con tu corazón solamente... Desagráviale por todas las ofensas que le han hecho, le hacen y le harán...,
ámale con toda la fuerza de todos los corazones de todos los hombres que más le hayan querido. Sé audaz:
dile que estás más loco por Él que María Magdalena,
más que Teresa y Teresita..., más chiflado que Agustín y
Domingo y Francisco, más que Ignacio y Javier (C. 402).**

«Un santo es un ambicioso de tal envergadura que
solo se satisface poseyendo cada vez más y más ra-
ción de Dios… Un santo es un hombre que todo lo
toma de Dios: un ladrón que le roba a Dios hasta
el Amor con que poder amarle. Y Dios se deja sa-
quear por sus santos. Ese es el gozo de Dios. Y ese,
el secreto negocio de los santos» (Pilar Urbano, *El
hombre de Villa Tevere*, p. 156). Qué consoladoras y
audaces son estas palabras que describen el corazón
de un santo.

Cuando sientas que no puedes, ama con el corazón
y las palabras de los grandes amadores de la tierra;
cuando sientas que puedes, hazlo también, y dile
que deseas que tu amor les supere. Esta audacia te
llevará lejos.

Jesús, si mi vida es poco para amarte, qué poco es
también mi corazón. Pero aun con todas esas limi-

taciones, no tengo excusas. Si quiero, tengo todo un arsenal a mi alcance, solo tengo que decidirme a utilizarlo.

72

Un amigo es un tesoro. Pues... ¡un Amigo!..., que donde está tu tesoro allí está tu corazón (C. 421).

Las amistades humanas nos pueden servir para entender la divina, pues todos los amores humanos limpios nos hacen entender el suyo. Si encuentras en tu interior un anhelo hondo e insaciable de amor y de amistad, probablemente es que estás experimentando una llamada de la Fuente de la que emanan todos esos amores terrenos.

A veces ese anhelo puede hacernos sufrir, porque sentimos que nada en este mundo lo llena del todo. A veces, también, nos obsesionamos con saciarlo en esta tierra, donde encontramos realidades y personas tan buenas, pero todas ellas limitadas, que quizá no nos dan lo que esperamos.

Por eso, cuando notes esas «señales», o incluso el vacío que te agujerea en lo más íntimo, piensa en que ese amor Fontal es Dios, Jesús, que se ha hecho hombre y que te espera. Y que su amistad también es posible en esta tierra. Él empezará a sanar y a llenar todos esos anhelos que llevas dentro. Solo Él puede llenar los deseos más profundos del corazón humano.

«(...) os he llamado amigos, porque todo lo que oí de mi Padre os lo he hecho conocer» (*Jn* 15, 15-18).

Jesús, si la amistad humana puede ayudar, dar y reconfortar tanto... no quiero ni puedo perderme la tuya.

73

Jesús es tu amigo. El Amigo. Con corazón de carne, como el tuyo. Con ojos, de mirar amabilísimo, que lloraron por Lázaro... Y tanto como a Lázaro, te quiere a ti (C. 422).

Y a este Amigo también tienes que tratarle y cuidarle como a los de la tierra. Queremos con un mismo corazón y con nuestro único ser. Él se ha hecho hombre para facilitarte ese trato.

«Trata a la Humanidad Santísima de Jesús... Y Él pondrá en tu alma un hambre insaciable, un deseo "disparatado" de contemplar su Faz. En esa ansia —que no es posible aplacar en la tierra— hallarás muchas veces tu consuelo» (*Vía Crucis*, VI Estación).

Conocer mejor esa Humanidad Santísima de Jesús siempre será tarea pendiente para nosotros, un gran mediterráneo en el que hemos de sumergirnos muchas veces si queremos que nuestra relación con Él sea real. El Evangelio y su contemplación, por la vía que sea, es el gran camino.

Ojalá poco a poco vayas experimentando que te quiere y te trata como a Lázaro y como a tantos otros. Muchos quedaron por escrito, pero la mayoría no, porque todos somos un personaje más en esa historia que sigue viva y que, si quisiéramos dar cuenta de ella, «ni aun el mundo podría contener los libros que se tendrían que escribir» (*Jn* 21, 24-25).

74

Señor: que tenga peso y medida en todo... menos en el Amor (C. 427).

La magnanimidad es la virtud de las almas enamoradas, que siempre se exceden.

«Magnanimidad: ánimo grande, alma amplia en la que caben muchos. Es la fuerza que nos dispone a salir de nosotros mismos, para prepararnos a emprender obras valiosas, en beneficio de todos. No anida la estrechez en el magnánimo; no media la cicatería, ni el cálculo egoísta, ni la trapisonda interesada. El magnánimo dedica sin reservas sus fuerzas a lo que vale la pena; por eso es capaz de entregarse él mismo. No se conforma con dar: *se da*. Y logra entender entonces la mayor muestra de magnanimidad: darse a Dios» (*Amigos de Dios*, n. 80).

Señor, dame tu corazón, cambia mi corazón por el tuyo, para que sepa amar con ese olvido de mí y esa generosidad grande. Solo quien entiende esto puede darse por entero a Dios y a los demás. Que entendamos que, por Él, somos para la muchedumbre, pero que para eso, primero, siempre tiene que estar Dios.

«Amarte, a esto va a reducirse mi vida» (*Forja*, 202).

75

Jesús, que sea yo el último en todo... y el primero en el Amor (C. 430).

A veces queremos medir los avances de nuestra alma con criterios mundanos, con puestos y honores, o ver que los otros recompensan nuestro amor y nuestra entrega. Pero en la lógica de Dios es al revés: los últimos, los que sirven, los niños, serán los primeros. Ojalá fuese este nuestro empeño.

El primero en el Amor: «Me sedujiste, Señor, y yo me dejé seducir. Fuiste más fuerte que yo, y me venciste» (*Jr* 20, 7). Que vivamos de esta seducción, buscando su amor, y poniendo el nuestro, en cada suceso de nuestra vida: rutinas diarias, el trabajo profesional esforzado, el cuidado de nuestras familias, el trato con nuestros amigos… Quiero descubrir en todo y en todos la ocasión de ser el último pero el primero en el Amor.

«Obras son amores», le reprochó el Señor a san Josemaría cuando, dando de comulgar a unas religiosas, le repetía, con esa audacia de querer ser «el primero»: «te amo más que esta, te amo más que esta»… Que tengamos también nosotros la audacia de decírselo y que no se nos olvide obrar en consecuencia.

76

¡Loco! Ya te vi —te creías solo en la capilla episcopal— poner en cada cáliz y en cada patena, recién consagrados, un beso: para que se lo encuentre Él, cuando por primera vez «baje» a esos vasos eucarísticos (C. 438).

Estos son los pequeños secretos de un santo, esos detalles íntimos y silenciosos que quedan solo entre

Jesús y el alma que ama. No son cosas de niños, son cosas de enamorados. El amor a Dios se materializa necesariamente en pequeños gestos y acciones, como ocurre con los amores de la tierra. Esto también es amar con obras.

El amor es creativo, busca sorprender. No admite pautas ni rutinas, y es especialmente delicado y sensible ante la presencia del Otro. La Eucaristía, con la presencia real de Jesucristo, es una de las grandes «locuras» de Dios, ahí se cumple nuestro anhelo de verle, tocarle, tenerle. San Josemaría así lo experimentaba, y no se cansaba de mimar con reverencia todo cuanto tuviese que ver con la presencia real del Señor en el Sagrario y el altar.

«Hace muchos años que decían de mí: ¡está loco! Tenían razón. Yo nunca he dicho que no estaba loco. ¡Estoy loquito perdido, pero de amor de Dios! Y te deseo la misma enfermedad» (*Apuntes sobre la vida del Fundador del Opus Dei*, Salvador Bernal).

Has de tener tus locuras, pequeñas o grandes, pero necesarias. Es el camino para fortalecer una relación con Dios si quieres que sea personal. A veces fluirán solas, otras serán camino para encender o pavimentar un amor que no es solo sentimiento, que es voluntad amable y libertad, que también se «trabaja». Y verás también cómo esos detalles tuyos te son devueltos con creces, Él también nos sigue sorprendiendo.

«No se ha limitado el Señor a decirnos que nos ama: sino que nos lo ha demostrado con las obras, con la vida entera. —¿Y tú?» (*Forja*, 62).

77

Comunión, unión, comunicación, confidencia: Palabra, Pan, Amor (C. 535).

Hay muchos caminos, pero un único alimento que puede darnos todas las energías que necesitamos para las pequeñas y grandes batallas de nuestra vida.

Dios se ha escondido en el Pan, para ser nuestra fuerza y sustento. Una locura que le lleva a quedarse en la tierra para estar en nosotros. «Si no coméis la carne del Hijo del Hombre y no bebéis su sangre, no tendréis vida en vosotros» (*Jn* 6, 53-38).

Dios se ha hecho Hombre, y con ello ha facilitado nuestro encuentro y oración «Y el Verbo se hizo carne y habitó entre nosotros» (*Jn* 1, 14-16).

El Pan y la Palabra son lugares de encuentro, ¿cómo convertirlos en momentos de amor? Cristo Vivo me espera y he de descubrirlo.

No es posible amar a Dios sin estar en común-unión con Él. «Los enamorados no saben decirse adiós: se acompañan siempre. —Tú y yo, ¿amamos así al Señor?» (*Surco*, 666).

78

Los actos de Fe, Esperanza y Amor son válvulas por donde se expansiona el fuego de las almas que viven vida de Dios (C. 667).

«Como el latir del corazón», este era el ideal de san Josemaría, que deseaba que cada instante de nuestro día fuese un acto de fe, de esperanza y de amor, materializados en el trabajo, en la caridad, en la vida de piedad, en las relaciones familiares o de amistad, en definitiva: en todo lo que compone nuestras vidas.

Si quieres darle todo, puedes repetir a menudo, con palabras de otro gran santo: «Toma, Señor, y recibe mi libertad, mi memoria, mi entendimiento y toda mi voluntad, todo mi haber y mi poseer. Tú me lo diste, a Ti, Señor, lo torno; todo es tuyo; dispón de ello conforme a tu voluntad. Dame tu amor y gracia, que esto me basta».

No podemos olvidar que pertenecemos totalmente a Dios, con nuestra alma y cuerpo, como decía san Josemaría, hasta «con la carne y con los huesos». Y el motor que mueve todo ello es el lugar más íntimo, el que queremos poner en manos del Señor: «¡Jesús, guarda nuestro corazón!, un corazón grande, fuerte y tierno y afectuoso y delicado, rebosante de caridad para Ti, para servir a todas las almas» (*Amigos de Dios*, n. 177).

79

¡Oh, Jesús! Descanso en Ti (C. 732).

«Venid a mí todos los que estéis cansados y agobiados y yo os aliviaré», pero, tercos como mulas, a veces dejamos que sean los agobios y cansancios de la vida los que nos alejan del Señor, y buscamos fuera lo que solo podemos encontrar dentro.

Es cierto que el sufrimiento y el dolor desgastan, hasta el punto de que podemos sentir que embotan nuestra alma.

«Me has dicho: Padre, lo estoy pasando muy mal. Y te he respondido al oído: toma sobre tus hombros una partecica de esa cruz, solo una parte pequeña. Y si ni siquiera así puedes con ella,… déjala toda entera sobre los hombros fuertes de Cristo. Y ya desde ahora, repite conmigo: *Señor, Dios mío: en tus manos abandono lo pasado y lo presente y lo futuro, lo pequeño y lo grande, lo poco y lo mucho, lo temporal y lo eterno*. Y quédate tranquilo» (*Vía Crucis*, VII Estación).

Jesús, quiero que seas mi descanso. Que sanes esos arañazos que los dolores y sucesos de esta vida van dejando en mi alma. A veces me faltan las fuerzas, y no puedo responder como quisiera. Me conformaré con no alejarme de ti.

«Nos dice el Señor: venid a mí… Hay que acudir a Jesucristo, hay que tratar a Jesucristo, porque toda la santidad está en abrazarnos a Nuestro Señor» (*Mientras nos hablaba en el camino*, p. 174).

80
Jesús, lo que tú «quieras»… yo lo amo (C. 773).

Desde que dejamos entrar a Dios en nuestra vida y que se asiente en el corazón, ya no vivimos solos. Vivimos una vida compartida, Él vela por nosotros y cuenta con nosotros.

Quiero pasar mi vida a tu servicio, por eso, «lo que Tú "quieras," yo lo amo». Aun cuando implique sufrimiento o ir a contrapelo, incluso cuando inicialmente no lo entienda o mi interior se rebele contra la cruz. Cristo es el camino y Cristo está en la cruz.

El abandono en la Voluntad de Dios es el secreto para ser feliz en la tierra. —Di, pues: *meus cibus est, ut faciam voluntatem ejus* —mi alimento es hacer su Voluntad *(Camino*, 766).

Confía, aunque se lo repitas con el corazón encogido. Espera, porque algún día desearás ese alimento. Amar, aunque no te lo creas, ya lo haces.

81

Ser pequeño: las grandes audacias son siempre de los niños. ¿Quién pide... la luna? ¿Quién no repara en peligros para conseguir su deseo? «Poned» en un niño «así», mucha gracia de Dios, el deseo de hacer su Voluntad (de Dios), mucho amor a Jesús, toda la ciencia humana que su capacidad le permita adquirir... y tendréis retratado el carácter de los apóstoles de ahora, tal como indudablemente Dios los quiere (C. 857).

«Fuego he venido a traer a la tierra, ¿qué quiero sino que ya arda?» (*Lc* 12, 49).

El Señor necesita voluntarios para expandir ese incendio de amor y salvación por el mundo. Cristianos que con profesionalidad, y allí desde donde sirven a la sociedad, sean apóstoles y testigos vivos de Dios en su tiempo. «Se puede ser moderno y profundamente fiel a Jesucristo» (Juan Pablo II).

¿Cómo convertirse en un apóstol así?, ¿cómo ser del mundo pero no convertirnos en mundanos?, ¿cómo ser instrumento firme en contextos que rechazan a Dios?, ¿cómo mantener el fuego sin que el cansancio o la decepción nos lo apaguen?

Combinando una madurez humana grande (en lo profesional y lo personal) con un alma de niño, tierna y amante, que busque vivir siempre con Dios. Así, Él hará en nosotros maravillas.

El Señor se servirá de nuestros dones y talentos, de nuestra ciencia y de todo nuestro esfuerzo para transformar el escenario en el que nos movemos. Nosotros solo le tenemos que dejar obrar y tratar de corresponderle: «Jesús: nunca te pagaré, aunque muriera de Amor, la gracia que has derrochado para hacerme pequeño» (C. 901).

82

Niño bueno: dile a Jesús muchas veces al día: te amo, te amo, te amo… (C. 878).

No es consejo para cursis o intensos. Es para almas grandes y bien formadas, que necesitan tanto amar como ser amadas. Con sencillez hemos de dejar que fluyan, sin ruido de palabras, muchos actos de amor. Un corazón lleno no puede evitarlos. Además, el Señor los necesita y agradece, son actos de adoración y de cariño que van fortaleciendo nuestra relación con Él.

Y es inevitable que el amor agudice nuestra vista, y nos ayude a ver tantas ocasiones en las que podemos servirle, a Él y a los demás, olvidándonos de nosotros mismos.

«Si la palabra amor sale muchas veces de la boca, sin estar respaldada con pequeños sacrificios, llega a cansar» (*Surco*, 979).

No te lo queremos decir solo de boquilla, ¡te lo queremos decir siempre!, ¡en todo momento!, ¡con todo nuestro ser!

83

Reconozco mi torpeza, Amor mío, que es tanta..., tanta, que hasta cuando quiero acariciar hago daño. Suaviza las maneras de mi alma: dame, quiero que me des, dentro de la recia virilidad de la vida de infancia, esa delicadeza y mimo que los niños tienen para tratar, con íntima efusión de Amor, a sus padres (C. 883).

Suavizar las maneras del alma es fomentar en nosotros la sensibilidad y la delicadeza necesarias para tratar a Dios y las cosas de Dios. A veces se nos olvida que tendríamos que estar «descalzos» porque pisamos «suelo sagrado».

Un camino es fomentar la ternura en nuestro trato con Él. Amarle con ternura, sin rarezas ni estridencias externas. San Josemaría le pedía la virilidad de un hombre adulto, lo que era, y cada uno le pedimos acorde a quienes somos y a la madurez propia de nuestro estado. Pero esto no es incompatible con una gran ternura de alma, que hemos de fomentar y de alimentar, bebiendo de la fuente de la misma ternura de Dios:

Él rescata tu vida de la fosa

y te colma de gracia y de ternura;

Él sacia de bienes tus anhelos,

y como un águila se renueva tu juventud (*Sa*l 102).

Estamos llamados a tocar la ternura de Dios y a volcar en Él la nuestra.

Ante esto tantas veces nos tropezamos con nuestra limitación, nuestras rudezas, errores, incomprensiones y faltas. Todo eso lo lleva san Josemaría a Dios, y en ese diálogo tan íntimo —«Amor mío»— le da la vuelta y lo utiliza como trampolín para acercarse a Dios, de nuevo como un niño:

«Ser niño. El borrico de Jesús quiere ser niño. Ha habido una temporada en la que se ha puesto zancos, y ¡claro!, ha tenido muchos percances. Basta. Niño otra vez, y niño para siempre» (*Apuntes íntimos,* 2/VI/1936, en ed. crítica *Santo Rosario*).

Si te sabes niño, te atreverás a «abusar» de su ternura, a refugiarte en ella y a devolvérsela con tus maneras, torpes y limitadas, que son todo lo que tienes y que a Él le bastan.

84

Si no tratas a Cristo en la oración y en el Pan, ¿cómo le vas a dar a conocer? (C. 105).

La Eucaristía es un foco de amor, el deseo de quedarse con nosotros todos los días hasta el fin del mundo. Cristo Vivo me espera, en el pan y en la palabra, en la oración, y he de descubrirlo.

«En verdad, en verdad os digo: si no coméis la carne del Hijo del hombre y no bebéis su sangre, no tenéis vida en vosotros. El que come mi carne y bebe mi sangre tiene vida eterna, y yo lo resucitaré en el último día. Mi carne es verdadera comida, y mi sangre es verdadera bebida. El que come mi carne y bebe mi sangre habita en mí y yo en él. Como el Padre que vive me ha enviado, y yo vivo por el Padre, así, del mismo modo, el que me come vivirá por mí» (*Jn* 6, 52-59).

La Eucaristía es fuente de vida para el cristiano. Solo si Él habita en mí, podré ser «otro Cristo», y mi pobre existencia brillará con el resplandor de su luz y su vida. Es ese resplandor, Cristo mismo, lo que he de llevar a mis semejantes en el mundo en el que me ha tocado vivir.

No podemos vivir sin ese trato profundo e íntimo con Dios. En el pan y en la palabra he de encontrar el Amor que me sustente, y también ahí he de verter el amor que llevo dentro.

«Amad la Misa. Y comulgad con hambre, aunque estéis helados, aunque la emotividad no responda: comulgad con fe, con esperanza, con encendida caridad» (*Es Cristo que pasa*, n. 91).

Fomentar esa hambre y esos deseos, especialmente cuando el sentimiento no acompaña o cuando el camino se vuelve áspero, es una forma de amar, que Dios transformará a su tiempo en frutos de amor y de apostolado.

85

Haces un derroche de ternura. Y te digo: caridad con tus prójimos, sí: siempre. Pero —óyeme bien, alma de apóstol—, es de Cristo, y solo para Él, ese otro sentimiento que el Señor mismo ha puesto en tu pecho. Además..., no es cierto que al descorrer algún cerrojo de tu corazón —siete cerrojos necesitas— más de una vez quedó flotando en tu horizonte sobrenatural la nubecilla de la duda..., y te preguntas, atormentado a pesar de tu pureza de intención: ¿no habré ido demasiado lejos en mis manifestaciones exteriores de afecto? (C. 161).

Un corazón célibe y entregado está llamado al Amor, y a expandir ese amor a imagen de Cristo. Jesús quiere que amemos a todas las personas con todo nuestro corazón, pero un amor de entrega y servicio, no un amor posesivo que busca su propia satisfacción. Los corazones son para Él, pues es el único que los puede colmar y el único que los llenará con su amor infinito.

Un corazón entregado ha de amar sin miedo, pero al mismo tiempo ser muy delicado, y no entregar ni buscar en las criaturas lo que ha decidido entregar y buscar en Él. A veces son hilillos sutiles los que marcan la diferencia, que si no se cortan a tiempo, pueden convertirse en esas cadenas de las que hablaba san Josemaría en otro de los puntos. Solo la rectitud de intención y una sinceridad grande pueden llevarnos a ver las cosas a tiempo.

El Señor nos dará mucho a través de esas amistades limpias, siempre que tengamos nuestro propio corazón bien anclado en Él y encendido. Busca primero a Dios y verás cómo todo se da por añadidura. Es normal que el corazón anhele y reclame, aprovecha cuando lo haga para llenarlo con Su ternura.

«Pertenecemos totalmente a Dios, con alma y cuerpo, con la carne y con los huesos, con los sentidos y con las potencias. Rogadle con confianza: ¡Jesús, guarda nuestro corazón!, un corazón grande, fuerte y tierno y afectuoso y delicado, rebosante de caridad para Ti, para servir a todas las almas» (*Amigos de Dios*, n. 177).

Señor, que busque siempre el bien de las almas y transmitirles tu amor por cada una de ellas, sabiendo muy bien dónde está el mío.

86

Dice el Señor: «Un mandato nuevo os doy: que os améis los unos a los otros. En esto conocerán que sois mis discípulos». Y san Pablo: «Llevad unos la carga de los otros, y así cumpliréis la ley de Cristo». Yo no te digo nada (C. 385).

Dios quiere que nos reconozcamos por el amor. Un cristiano debe irradiar esta fuerza allí por donde pasa, transformando el mundo y haciéndole presente a Él.

Pablo, Juan, la Magdalena, Teresita, la Madre Teresa… todos los santos acaban descubriendo la centralidad del amor tal y como Jesús nos enseñó. Amar a los otros, con un corazón entregado, es ser para la muchedumbre. Allí donde el Señor nos pone, espera que despleguemos nuestros afectos, nuestro tiempo y nuestras obras al servicio de todos. Solo la autonomía de quien es solo para Él permite al mismo tiempo darse a todos.

Y este amor, como decía san Josemaría, ha de hacer amable el camino de la santidad a quienes nos rodean:

«Al predicar que hay que hacerse alfombra en donde los demás pisen blando, no pretendo decir una frase bonita: ¡ha de ser una realidad! —Es difícil, como es difícil la santidad; pero es fácil, porque —insisto— la santidad es asequible a todos» (*Forja*, 562).

Todo el mundo es «amable» porque todo el mundo es amado por Él. Es verdad que no es fácil, pero es el distintivo de quienes queremos seguirte de cerca: «cuanto hicisteis a uno de estos mis hermanos más pequeños, a mí me lo hicisteis» (*Mt* 25, 40). En todas las criaturas reside su imagen, todas son depositarias de su amor y de su salvación, y en todas ellas he de encontrar el rostro de Dios.

Señor, que no tenga otra ilusión: amar con obras, con palabras y con afectos, pero también con renuncias, con esfuerzos y con sacrificios. El Amor te llevó a la Cruz y sabemos que no hay otro camino. Queremos ser fieles con la certeza de que ensancharás nuestro corazón para poder amar a la medida del tuyo.

87

Niño. Enfermo. Al escribir estas palabras, ¿no sentís la tentación de ponerlas con mayúscula? Es que, para

un alma enamorada, los niños y los enfermos son Él (C. 419).

Ellos siempre han sido los predilectos de Jesús. Los buscó con predilección en su paso por la tierra y sobre ellos desplegó, de manera muy especial, su cariño y bendición. En la rapidez y en el anonimato de nuestras ciudades hay aún muchos, con los que nos cuesta pararnos o atenderles como lo haría el mismo Dios. En nuestro mundo moderno, tan individualista y desconfiado, pararse en la calle con un desconocido es ya una excepción. Y a veces, podemos caer, sin darnos cuenta, en el mismo error que llevó al sacerdote y al levita a pasar rápido ante el herido en la parábola del samaritano.

Para un alma enamorada, lo que ama su amado es también parte de su corazón. «¡Qué respeto, qué veneración, qué cariño hemos de sentir por una sola alma, ante la realidad de que Dios la ama como algo suyo!» (*Forja*, 34). Aunque esté sucia, de alma o de cuerpo.

Tenemos que descubrir y ver a Cristo en las almas: «Cristo, cansado, Cristo enfermo, Cristo que me necesita». Parte de nuestra donación a Dios, y la materialización de nuestro amor a Él, es nuestro servicio a los demás, especialmente a los más vulnerables y necesitados: «Los niños y los enfermos son Él».

88
Esfuérzate, si es preciso, en perdonar siempre a quienes te ofendan, desde el primer instante, ya que, por grande que sea el perjuicio o la ofensa que te hagan, más te ha perdonado Dios a ti (C. 452).

Setenta veces siete es perdonar siempre. Con frecuencia, san Josemaría nos recordaba que él no había tenido que aprender a perdonar porque Dios le había enseñado a querer. Y es que amar y perdonar son lo mismo, son dos acciones unidas en el corazón de Dios Padre.

«Padre, perdónalos porque no saben lo que hacen», esa comprensión tan honda y esa magnanimidad son modelo para el cristiano. La actitud del Señor nos desarma, y más si pensamos en cómo le pide a Pedro reparar su traición: «Pedro, ¿me amas?». Cura las heridas con un derroche de ternura y clemencia sobre nosotros.

El perdón nos hace más humanos, y el perdón que Cristo nos enseña tiene mucho de divino. No te asustes ante tu resistencia a perdonar o ante lo difícil que a veces resulta, es camino para aprender a querer y para modelar un corazón a imagen del Suyo. Jesús encontrará mucho consuelo en ti ante estos esfuerzos, y te los recompensará con el don de aprender a perdonar de corazón.

89

Frater qui adjuvatur a fratre quasi civitas firma —El hermano ayudado por su hermano es tan fuerte como una ciudad amurallada. Piensa un rato y decídete a vivir la fraternidad que siempre te recomiendo (C. 460).

Resulta una utopía pensar que podemos vivir solos o que somos autosuficientes. Nos necesitamos unos a otros, y más en el camino que nos conduce al Cielo. Ya hemos considerado que el Señor no nos quiere solos, ni desenamorados, aunque por Él hayamos renunciado a un amor humano en esta tierra. Por eso, muchas veces, encontraremos apoyo y consuelo en nuestros hermanos y compañeros de camino.

Y también nosotros hemos de aspirar a ser refugio seguro para ellos, árboles con raíces fuertes y ramas grandes, en donde se puedan cobijar los otros ante momentos de tormenta o dificultad.

¡Qué fuerza nos da la fraternidad! Jesús, enséñame a verte en los demás y a quererlos con un amor profundo y verdadero, por encima de mis preferencias y caprichos. Que sepa comprender, perdonar, exigir, consolar y mimar a cada alma, tal y como lo necesita. Que esté siempre en las necesidades verdaderas de mis hermanos.

90

Si no te veo practicar la bendita fraternidad, que de continuo te predico, te recordaré aquellas palabras entrañables de san Juan: *Filioli mei, non diligamus verbo neque lingua, sed opere et veritate* —Hijitos míos, no amemos con la palabra o con la lengua, sino con obras y de verdad (C. 461).

De nada sirven las palabras si no se acompañan con la vida. ¡Ojalá que la fuerza de nuestras obras, de los cuidados solícitos de unos por otros, de tanta oración y sacrificios que solo Dios conoce, resuenen más fuerte que nuestros eslóganes o palabras fáciles!

Que no se pueda decir de nosotros que mucho prometemos y poco hacemos. Señor, que no huya, por debilidad o egoísmo, ante los momentos difíciles o antipáticos de los demás, que mis palabras «aquí me tienes», «¿qué necesitas?», «¿cómo estás?», estén cargadas con la fuerza de un «te quiero» demostrado con la vida.

Y como dice un viejo saber popular: «ámame cuando menos lo merezco porque es cuando más lo necesito». Jesús necesita corazones amantes y generosos para seguir obrando sus milagros y mostrando su ternura en la tierra.

91

¡Poder de la caridad! Vuestra mutua flaqueza es también apoyo que os sostiene derechos en el cumplimiento del deber si vivís vuestra fraternidad bendita: como mutuamente se sostienen, apoyándose, los naipes (C. 462).

Si a veces noto mi corazón vacío, es quizá porque aún no lo he puesto al completo servicio de mis hermanos. No somos versos sueltos, y tanto como ellos me necesitan, los necesito yo a ellos.

Un naipe no puede sostenerse por sí mismo, necesita siempre de un apoyo. Esta verdad es muy consoladora en el plano espiritual, los apoyos humanos que Dios nos pone cerca son siempre un regalo que hemos de disfrutar y agradecer. Y al mismo tiempo nos ha de incrementar el deseo de convertirnos en pieza fuerte y sólida que aguante el peso de ese castillo.

Ese cariño humano seguro que ya te ha sostenido en más de una ocasión. Otras veces habremos notado quizá su imperfección, o incluso la ausencia. Que esto no nos resienta por dentro o congele nuestro corazón en el escepticismo. Que seamos los primeros en dar y poner amor, y veremos cómo muy pronto el corazón se llena e incluso recibe más de lo que imaginaba, «porque al que tiene se le dará, y al que no tiene se le quitará hasta lo que tiene» (*Mt* 12, 13-17).

Y lo demás déjalo en manos de Dios. Tú eres, Jesús, quien nos colocas y levantas.

92

Más que en «dar», la caridad está en «comprender». Por eso busca una excusa para tu prójimo —las hay siempre—, si tienes el deber de juzgar (C. 463).

Comprender es tratar de ponernos en el lugar del otro, hacernos cargo de ellos —dentro de nuestras limitaciones— y fijarnos más en sus luces que en sus sombras.

En el Evangelio, Jesús muestra esta actitud comprensiva, que pasa por alto las protestas de Pedro cuando no quiere salir a pescar tras una noche de faena, o incluso, en momentos más duros, cuando se deja besar por Judas en el huerto conociendo que es la señal de la traición. El corazón del Señor comprende la miseria humana, aunque no la justifica y nos pide el esfuerzo de la lucha, pero espera siempre que nuestra libertad se incline hacia Él y no deja de darnos oportunidades.

Este es el modelo que una vez más nos propone san Josemaría, animándonos a no quedarnos en los errores de los demás, sino saber ir a la esencia real de las personas:

«El amor a las almas, por Dios, nos hace querer a todos, comprender, disculpar, perdonar... Debemos tener un amor que cubra la multitud de las deficiencias de las miserias humanas. Debemos tener una caridad maravillosa, *veritatem facientes in caritate*, defendiendo la verdad, sin herir» (*Forja*, 559).

Nuestra propia debilidad puede ser una aliada en este camino. Si soy consciente de lo mucho que necesito a Dios y a los demás, y de lo mucho que también me equivoco, sabré ayudar, juzgar y corregir —cuando sea necesario—, sin dramas y sin apartarme de la verdadera caridad.

93
El secreto para dar relieve a lo más humilde, y aun a lo más humillante, es amar (C. 418).

El amor es una fuerza arrolladora capaz de transformarlo todo, de purificar nuestras mayores miserias y de consolar los dolores más hondos. Servir en lo escondido, notar tantas veces que nos olvidan, que no nos entienden o que no nos reconocen, y seguir sirviendo con espíritu sereno son algunos de esos tesoros que el Señor nos indicó que se acumulaban en el cielo.

San Josemaría vivió en carne propia estos consejos que nos daba, y experimentó su eficacia en el camino hacia el Amor, como lo demuestra este otro punto que él protagonizó.

«Hijo, óyeme bien: tú, feliz cuando te maltraten y te deshonren; cuando mucha gente se alborote y se ponga de moda escupir sobre ti, porque eres «omnium peripsema» —como basura para todos…

—Cuesta, cuesta mucho. Es duro, hasta que —por fin— un hombre se acerca al Sagrario, se ve considerado como toda la porquería del mundo, como un pobre gusano, y dice de verdad: «Señor, si Tú no necesitas mi honra, ¿yo para qué la quiero?». Hasta entonces, no sabe el hijo de Dios lo que es ser feliz: hasta llegar a esa desnudez, a esa entrega, que es entrega de amor, pero fundamentada en la mortificación, en el dolor» (*Forja*, 803).

Señor, que en el dolor de esta desnudez no tema, sino que espere y confíe muy agarrado a la cruz, por amor. Que el amor sea el principio y el fin de todas mis obras.

94

Todo lo que se hace por Amor adquiere hermosura y se engrandece (C. 429).

«Yo hago nuevas todas las cosas» (*Ap* 21, 5). Hasta la Cruz transformó el Señor en misterio de amor y camino de redención. El amor todo lo transforma y da a nuestras obras verdadera dimensión de eternidad. Cuando ponemos amor, todo se hace de Dios.

Es este mismo misterio el que hace posible que santifiquemos nuestra vida ordinaria. Que los viajes, las horas de trabajo, el cuidado de los nuestros se conviertan, entre tantas otras cosas del día a día, en obras divinas, si las hacemos por amor y unidos a Él.

Tenemos que «amar al mundo apasionadamente», como nos enseñaba san Josemaría. Porque no solo es lugar de encuentro con Dios, sino que es también un medio muy nuestro *para* amar a Dios. Ese «desempeñar con amor lo más intrascendente de las acciones diarias» es oración, es agradecimiento y deseo de cooperar en la redención.

Ser contemplativos en medio del mundo es aprender a encontrarle ahí y saber que esas acciones nuestras, transformadas por Él, son también una dichosísima y eficaz manera de amar (y donde sentirnos también amados).

95

Deja que se vierta tu corazón en efusiones de Amor y de agradecimiento al considerar cómo la gracia de Dios te saca libre cada día de los lazos que te tiende el enemigo (C. 434).

Un corazón que trata con intimidad al Señor y que se esfuerza por amarle degustará en más de una ocasión de esas efusiones a las que se refiere san Josemaría. A veces, el alma se nos ahoga en deseos de agradecer o en la dicha de sentirnos predilectos y amados así por Dios, especialmente cuando notamos su protección.

Aprovecha esa oración que tantas veces no son palabras, sino movimientos del corazón. Ser alma agradecida es mucho más que decir «gracias», es también el deseo de corresponder a tanta generosidad y cuidado. Es la delicadeza de verle detrás de cada cosa buena que nos sucede, o cuando visiblemente percibimos su ayuda ante momentos de cruz o tentación. Es no saberte solo.

Dame, Señor, el don de agradecerte y de no acostumbrarme nunca a tu amor infinito, que se concreta en mi día en tantas cosas… Gracias por salir en mi búsqueda y encontrarme, por quererme tanto. Nunca te daré gracias suficientes por tanta predilección.

«(….) Audazmente y sin apartarme de la verdad, te digo: empápame, emborráchame de tu Espíritu y así haré tu Voluntad. Quiero hacerla. Si no la hago, es… que no me ayudas. Y hubo afectos de amor para mi Madre y mi Señora, y me siento ahora mismo muy hijo de mi Padre-Dios» (*Apuntes íntimos*, 2-X-1931).

96

Dolor de Amor. Porque Él es bueno. Porque es tu Amigo, que dio por ti su Vida. Porque todo lo bueno que tienes es suyo. Porque le has ofendido tanto… Porque te ha perdonado… ¡Él!… ¡¡a ti!! Llora, hijo mío, de dolor de Amor (C. 436).

El dolor de Amor es un don de las almas delicadas y amantes. Es el dolor que nace de valorar lo mucho que se nos da sin merecerlo, y el dolor ante nuestras faltas de correspondencia y nuestras ofensas.

Ahí las lágrimas no son amargas, nacen del amor. Esas lágrimas, de alegría y agradecimiento, o de reparación y dolor por el mal cometido, purifican el corazón. Al igual que nos duele traicionar o defraudar a quienes queremos, no por nosotros, sino porque comprendemos el dolor de quienes nos dan tanto, así también queremos que nos duela cada desvío que nos separa de Dios.

Intenta que la rabia o la frustración personal no sean los motivos de tu llanto, sino el agradecimiento por su perdón infinito y el deseo de corresponder —más y mejor a partir de ahora— a Quien tanto te ama.

También es normal que te conmuevas ante la suerte que tenemos de tener un Dios así con nosotros, Él nos lo da todo. «Llora, hijo mío, de dolor de Amor».

97

Hazlo todo con desinterés, por puro Amor, como si no hubiera premio ni castigo. Pero fomenta en tu corazón la gloriosa esperanza del cielo (C. 668).

«Te quiero a Ti mismo, Señor». Esta fue la respuesta de santo Tomás de Aquino cuando el Señor le preguntó qué quería en recompensa por sus grandes servicios. Quien ama mucho sabe bien que no hay mejor regalo que la presencia del amado. Y ahí solo se quiere vivir en presente. Algo así será el cielo y la vida eterna. Y aunque «ni ojo vio, ni oído oyó» los tesoros que tenemos reservados, mi alma se conforma contigo, Señor.

¡Ojalá fuera tan puro mi amor!, tan desinteresado y movido solo por Ti, como el de esa alma anónima que te pedía: «Muéveme en fin tu amor y en tal manera, que, aunque no hubiera cielo, yo te amara, y aunque no hubiera infierno, te quisiera». Sé que aún me queda mucho camino por recorrer, pero no quiero dejar de decírtelo. Quiero tener un solo deseo verdadero: amarte. No permitas que mis deseos fracasen, quiero vivir con esta ilusión.

98

¿No has visto en qué «pequeñeces» está el amor humano? Pues también en «pequeñeces» está el Amor divino (C. 824).

Una rosa, un beso, un paseo, una mirada, una caricia, un detalle, una cerveza... A veces pensamos que amar son grandes cosas y, como bien se nos recuerda aquí, la mayoría de las veces está en pequeñeces... Solo quien ama en lo pequeño podrá amar cuando llegue el momento de lo grande.

Lo pequeño y lo escondido, esos son los fuegos artificiales de nuestra santidad en medio del mundo. La traca final. Hacer extraordinario lo más ordinario. Es el camino que estás recorriendo.

«No poseemos un corazón para amar a Dios y otro para querer a las criaturas: este pobre corazón nuestro, de carne, quiere con un cariño humano que, si está unido al amor de Cristo, es también sobrenatural» (*Amigos de Dios*, n. 229).

Este es el amor que san Josemaría cultivaba en su alma, el que le llevó a vivir «loco de amor» hasta su último día en la tierra, y a descubrir en el mundo y en los demás la imagen de Nuestro Señor.

99

Hacedlo todo por Amor. Así no hay cosas pequeñas: todo es grande. La perseverancia en las cosas pequeñas, por Amor, es heroísmo (C. 813).

La perseverancia es el amor en el tiempo. Es fácil comenzar, lo difícil es recomenzar y mantenerse. Y lo importante es llegar al final, que cuando nuestros días en esta tierra lleguen a su fin, estemos preparados. «Lo difícil no es morir bien, sino vivir bien», decía un sacerdote a punto de morir, sabiendo que la muerte era el paso a otra Vida que había buscado con intensidad en esta.

La rutina y el cansancio, el tedio de lo repetido, pueden ser enemigos pero está en nuestra mano hacerlos aliados. La fórmula es simple, la misma que llevas escuchando en toda esta etapa: «Hacedlo todo por Amor». A estas alturas ya te habrás dado cuenta de que el amor no es un sentimiento, ni tan siquiera siempre es un camino agradable. El amor es la voluntad de quien quiere seguir amando también cuando el camino se tuerce, se atasca, o incluso cuando parece llano e interminable. Ahí, cada paso cuenta.

«¿Quieres de verdad ser *santo*? —Cumple el pequeño deber de cada momento: haz lo que debes y está en lo que haces» (C. 815).

Y Dios, que es bueno y amante, te dará a su tiempo los consuelos y la certeza del amor que el alma también necesita. Nunca dudes de Él y de ese otro consejo de san Josemaría: «De que tú y yo nos portemos como Dios quiere —no lo olvides— dependen muchas cosas grandes» (C. 755).

Que tú y yo no nos cansemos de vivir así. Enamorados.

+1 PUNTO DE REGALO
el punto que resume
el Camino enamorado

¿Que cuál es el secreto de la perseverancia?
El Amor.
—Enamórate, y no «le» dejarás (C. 999).

No hay más camino, no hay más receta,
no hay más solución.

La cuestión no es saberlo, sino vivirlo.

No hay dos amores iguales.

¡Ojalá vayas encontrando el tuyo!

Solo quien se enamora persevera
con un corazón pleno,

y llega al final de sus días «loquito de amor».

Loquito de amor

Aquí termina este Camino, pero el tuyo no ha hecho más que empezar o recomenzar. Aunque ya lo hemos comentado en la introducción, queremos asegurarnos de que comprendes que *Camino* no es solo un libro, es sobre todo una acción que se realiza siempre en presente, ¡yo camino!

Recuerda que toda nuestra vida puede ser —y es— un camino enamorado hacia el infinito amor de Dios en el cielo, cuando le veremos cara a cara y amaremos, sin cansancio y sin descanso, por toda la eternidad. Y como decía el santo que nos ha guiado en estas páginas, hemos de aprender a ser felices en esta tierra porque así nos ganaremos la felicidad del Cielo.

«No tengáis miedo, soy Yo» (*Mt* 14, 22-33); pase lo que pase en ese caminar, llénate siempre de fe al traer estas palabras de Jesús a tu memoria. El Señor quiere colmar nuestro corazón y nuestro anhelo de ser amados. Él nunca ha dejado de decirnos: «Tengo sed», la misma que tenemos nosotros. Como la samaritana en el pozo de Sicar, hemos de beber esa «agua viva que salta hasta la vida eterna», y darle al Señor la nuestra sin reservas.

San Juan fue uno de los primeros «loquitos de amor», que en sus cartas, cuando era ya anciano pero su corazón seguía ardiendo, nos escribe y recuerda lo más importante: «Os escribo a vosotros, hijos, padres, jóvenes... Mirad qué amor tan grande nos ha mostrado el Padre: que nos llamemos hijos de Dios, ¡y lo somos!... amémonos unos a otros, porque el amor procede de Dios, y todo el que ama ha nacido de Dios, y conoce a Dios. El que no ama no ha llegado a conocer a Dios, porque Dios es Amor» (*1 Juan* 4, 7-12).

Dios es un enamorado, siempre lo ha sido y será. Ojalá quieras tener el deseo de serlo tú también y te conviertas en otro «loquito de amor».

Amar. Todo. Locura.

Sobre las autoras

Las autoras somos dos *millennials,* una salmantina y otra santanderina, dos profesoras universitarias con muchas preguntas y algo de recorrido que empezamos a buscar respuestas en los textos de san Josemaría. Y en *Camino* encontramos este otro «camino» que da sentido a este libro. Queremos, por lo tanto, que estas páginas sean un pequeño homenaje a la primera publicación de san Josemaría, fundador del Opus Dei, y que también ayuden a redescubrir hoy los fragmentos de su corazón y de su amor a Dios que dejó grabados en su obra original.